ちくま新書

現代語訳
史記

司馬遷
Shiba Sen
大木康＝訳・解説

890

現代語訳
史記【目次】

はじめに

今からおよそ二一〇〇年前の中国、前漢《ぜんかん》の時代に司馬遷《しばせん》によって書かれた歴史書『史《し》記《き》』。書かれた当時は「太史公書《たいしこうしょ》」と呼ばれていたようであるが、『史記』という書名は、つまりは歴史の記録という意味である。

『史記』に続く中国の歴史書（正史）が、『漢書《かんじょ》』『後漢書《ごかんじょ》』など、前漢、後漢各王朝の歴史であるのに対し、『史記』は、時間的には太古の時代から司馬遷自身の現代に至るまで、地理的には中国とその周辺地域にまで及ぶ、当時における全世界史であった。なるがゆえに、『史記』だったわけである。

『史記』については、これまで二千年以上にわたる時代を通じて、数多くの注釈書、研究書が著され、現在の日本においても、全訳、抄訳をはじめ、『史記』に関する書物は、まことに汗牛充棟《かんぎゅうじゅうとう》のありさまである。『史記』研究にも、歴史的、文化的などさまざまなアプローチがある。そうした状況のなかで、いま新たな抄訳集を編むにあたって、その目玉として考えたのが、『史記』人物たちのキャリア、出世に至る過程である。

歴史に名を残す。それはなかなかたいへんなことである。では、『史記』の人物たちは、どのようにして名を残すことができたのか。それをキャリアという点から見てみたいというのが、本書の目的の一つである。

中国にあっても、後世、筆記試験によって人材を登用する科挙《かきょ》の制度ができてからは、もちろんその制度によらずに出世する人はないわけではないものの、後世の人物の伝記の書き出しは、だいたいが、

李《り》東陽《とうよう》、茶陵《ちゃりょう》の人。字《あざな》は賓之《ひんし》、号は四涯《しがい》。天順《てんじゅん》年間の進士《しんし》。

といったパターンになる。科挙の最終試験の合格者の受ける称号が進士であるが、進士になったかどうか、いつ進士になったか、それがその人の経歴の重要部分なのである。完全な学歴社会である。科挙に合格したことを出発点として、その後の人生が展開し、あまたある人々の中で目立った業績をあげ、結果として歴史書に名を残したのである。

科挙の制度ができる前にも、漢代の郷挙里選《きょうきょりせん》、三国六朝時代の九品中正《きゅうひんちゅうせい》などの制度があって、人材登用、出世のコースは、ある程度明確になってくる。

ところが、『史記』が対象とする時代には、帝王の子は帝王といった意味での世襲はあ

ったにせよ、それ以外には、まだこのような出世のコースが明確になってはいなかった。帝王にしても、はじめに紹介する堯《ぎょう》、舜《しゅん》のように、世襲ではない場合もあったほどである。

本書では、『史記』の人物が、出世するに至る過程、出世のいとぐちに着目して、章段を選んだ。一部の帝王を除いて、生まれた時から顕人《けんじん》だった人はいない。みな無名の人だった。彼らが若い頃のエピソード、そしてそこから次第に名をあらわしていく過程にスポットをあててみた。その意味では、一種の青春ストーリーといえるかもしれない。

歴史に名を残すような人物にいかにしてなりうるかは、もちろんそれがすべてではないが、時の権力と関わりがある。いわば権力の中心から近ければ近いほど、名を残す可能性が高くなる。そのことを考えて、本書では、権力の中心にあるもの、権力を目指すもの、権力を支えるもの、権力の周辺にあるもの、権力に刃向かうもの、の五つの章を立て、それぞれの人物の伝を収めた。

『史記』人物の青春物語は、長い時代にわたって、東アジアに生きる人々を奮い立たせてきた。科挙による出世のコースが明確になってからも、『史記』が読まれ続けてきたのは、『史記』に描かれた人物たちには、既成の学歴社会、官僚社会の中においてではなく、いわば裸一貫から人生を鍛え上げてきた迫力があるからだろう。

それはもちろん、現代の日本に生きるわれわれにとっても同様。『史記』を読むことは、大きな心の支えになるであろう。特に、これだけ既成の社会が動揺し変化しつつある状況において。

翻訳にあたっては、一九五九年中華書局標点排印本を底本とし、滝川亀太郎『史記会注考証』ほかを参照した。

第一章

権力にあるもの——帝王

理想の聖天子——堯・舜

†後継者の悩み

司馬遷《しばせん》の『史記』は、「五帝本紀《ごていほんぎ》」にはじまる。黄帝《こうてい》、顓頊《せんぎょく》、帝嚳《ていこく》、堯《ぎょう》、舜《しゅん》、古代の五名の聖天子の伝である。五帝とはいうものの、黄帝、顓頊、帝嚳に関する記述は至って簡単であり、「五帝本紀」の大部分を占めるのが、堯と舜についてである。

堯・舜は、儒家にとって最高の理想ともいえる聖天子《せいてんし》である。堯は「その仁は天のよう、その知は神のよう」であったといい、羲氏《ぎし》、和氏《かし》らに命じて暦を定めさせ、人々に農耕の時期を教えるなど、中国文明の発達、いや人間の生活そのものの向上に偉大な功績を残した。

だが、年老いた堯は大きな悩みをかかえていた。それはすなわち後継者についての悩みである。堯には丹朱《たんしゅ》という息子があったが、丹朱は不出来な息子だったのである。まずは、「五帝本紀」の堯の伝。

堯「誰にこの天子の仕事をつがせたらよいだろうか。」
臣下の放斉《ほうせい》「後継ぎの丹朱さまは、よくものわかったお方です。」
堯「何だと。あれは頑固《がんこ》で争い好き、とても用いられない。ほかには誰かいないのか。」
臣下の讙兜《かんとう》「共工《きょうこう》が広く人々から慕われており、功績を立てると思われます。用いてみてはいかがでしょうか。」
堯「共工は口先ばかりで、心の中は邪悪だ。恭《つつ》しんでいるように見えて、天をあなどっている。だめだ。
ああ、四嶽《しがく》（地方官たち）よ、激しい洪水が天までとどき、広い範囲にわたって山や丘をもおおい隠そうとしている。人々はそれを憂えている。この洪水を治められるものはないか。」
鯀《こん》ならできますと、みなが答えた。
堯「鯀はわしの命令をきかないし、一族との仲も悪い。だめだ。」
四嶽「試してみてだめだったら、用いなければよろしいのではないでしょうか。」
堯はそこで四嶽の意見をいれて鯀を用いた。だが、九年たっても成果があがらなかった。
堯「ああ、四嶽よ、わしは位にあること七十年、この間おまえたちはよくわしの命令に従ってくれた。おまえたちの誰かが帝位につくがよい。」
四嶽「田舎者で徳に欠けたわたしたちでは、帝位を汚すばかりです。」
堯「それならば、わしの一族であろうと、遠い親戚であろうと、はたまた世を逃れて隠れているものであろうと、ふさわしいものをすべて推挙せよ。」
みなは口をそろえて堯にいった。
「独り者で民間にあるものですが、虞舜《ぐしゅん》というものがおります。」
堯「そうか。わしも聞いたことがある。どのような人物なのか。」
四嶽「盲者の息子です。父親は頑迷《がんめい》で、母親は口やかましく、弟は傲慢《ごうまん》ですが、おだやかに孝行を尽くし、善をすすめて悪事に至らせません。」
堯「わしはそのものを試みてみよう。」
そこで、堯は二人の娘を舜にめあわせ、舜の徳が娘たちにどのようにあらわれるかを見ようとした。舜は二人の娘を正しく導き、嬀水《きすい》のほとりにあったその家で、二人の娘は妻としての道を尽くしたのであった。
堯はこれをよしとして、舜に五常《ごじょう》の教え（父は義、母は慈、兄は友、弟は恭、子は孝）をつかさどる職につかせてみたところ、みなが五常の教えに従うようになった。そこでさらに、舜に百官を統括させてみると、百官は秩序正しく職務を尽くすようになった。

宮殿の四方の門で賓客《ひんきゃく》の接待をさせてみたところ、どこも和気藹々《わきあいあい》として、諸侯《しょこう》たちも遠方からきた賓客たちも、みな舜を敬愛した。堯は舜を山や川、森林や沼沢《しょうたく》の中に行かせてみた。暴風雷雨に遭遇したが、舜は道に迷わなかった。

堯は舜を聖人であると思い、舜を召していった。

「そなたは事を完璧《かんぺき》にはかり、言ったことはすべて実績があがっている。このようにして三年もたった。そなたが帝位に登るがよい。」

舜は徳が足りないからと辞退し、心楽しまなかった。だが、正月一日、舜は文祖《ぶんそ》の廟《びょう》において堯の位を受けることにした。文祖とは、堯の大祖《たいそ》（黄帝）のことである。

何段階にもわたる試験を経た結果、堯は舜に政治を代行させることになった。まずは、家庭の中をきちんとおさめることができるかどうか。次いで人民を正しく導くことができるかどうか。それから官僚たちを統括することができるかどうか。さらに国外の諸侯や賓客に尊敬されるかどうか。そして、自然をも知ることができるかどうか。

これはある意味では、後世の朱子学《しゅしがく》でいう「修身《しゅうしん》・斉家《せいか》・治国《ちこく》・平天下《へいてんか》（身を修め・家を斉《ととの》え・国を治め・天下を平らかにす）」の順番になっているともいえる。これがほんとうにできれば、天子の資格として申し分なかろう。やがて、堯が崩《ほう》ずる時が来る。

堯は即位して七十年にして舜を知り、その後二十年たって年老いたので、舜に天子の政治を代行させ、舜を天に対して推薦した。堯は位を譲ってから二十八年にして崩じた。人々の悲しみは、あたかも父母を失ったようで、三年の間、どこでも音曲を奏さず、堯を思ったのであった。

堯は丹朱が不肖《ふしょう》の息子で、天下を授けるに足りないことを知り、そこで舜に位を授けた。——舜に位を授ければ、天下が利益を得て、丹朱は苦しむであろう。丹朱に位を授ければ、天下が苦しんで、丹朱が利益を得るであろう。天下を苦しめて一人を利することは、決してできぬ。——堯はそう考えて、最後は舜に天下を授けたのであった。

堯が崩じ、三年の喪《も》が明けると、舜は丹朱に位を譲って黄河《こうが》の南に身を避けた。だが、参勤交代の諸侯たちは、丹朱のところへ行かず、舜のところに行った。訴訟事のある者たちは、丹朱のところへ行かず、舜のところに行った。天子の徳をたたえて歌う者は、丹朱をたたえず、舜をたたえて歌った。

舜は「ああ、これは天命《てんめい》だ。」といって、その後、みやこに行って天子の位についた。これが帝舜である。

†孝行と感化

堯が崩じた後、舜は一旦位を丹朱に譲ったものの、丹朱の力では世の中がうまく治まらず、帝位は結局舜に帰したというエピソードが挿入される。これは、堯から舜への譲位に、やはり何らかの抵抗があったことを反映しているのかもしれない。だが、堯はそもそもなぜ舜に白羽《しらは》の矢を立てたのであろうか。

舜の生い立ちと人となりについては、「五帝本紀」の舜の伝で詳しく述べられている。

虞舜は、名を重華《ちょうか》といった。重華の父は瞽叟《こそう》、瞽叟の父は橋牛《きょうぎゅう》、橋牛の父は句望《こうぼう》、句望の父は敬康《けいこう》、敬康の父は窮蟬《きゅうせん》、窮蟬の父は帝顓頊《せんぎょく》、顓頊の父は昌意《しょうい》、昌意から舜まで七代である。窮蟬から帝舜までは、みな賤《いや》しい庶民であった。

舜の父の瞽叟は目が見えず、舜の母が死ぬと、瞽叟は後妻をめとって象《しょう》が生まれた。象は傲慢《ごうまん》であった。瞽叟は後妻の子を愛して、ことあるごとに舜を殺そうとした。すると、舜は身を避けて逃れた。小さな過失があった時には、罰を受けた。父と義母と弟に従順に仕え、毎日誠実につとめて怠《おこた》ることがなかった。

舜は二十歳で孝行によって知られていた。三十歳の時に、帝堯が後継者として用いることができるものをたずねると、四嶽（地方官たち）はそろって虞舜を薦め、「舜ならば用いても大丈夫です。」といった。そこで、堯は二人の娘を舜にめあわせ、家の中の様子を観察させ、九人の男子を舜といっしょにいさせて、家の外での様子を観察させたのであった。舜は嬀水《きすい》のほとりで暮らし、家の中での行いをますますつつしんだ。堯の二人の娘は、身分が高いからといっておごり高ぶることもなく、舜の親戚に仕え、嫁としての道を尽くしたのであった。堯の九人の男子もみなますます誠実になった。舜が歴山《れきざん》で耕せば、歴山の人はみな畔《あぜ》を譲った。雷沢《らいたく》で漁をすれば、雷沢の人はみな場所を譲った。河浜《かひん》で陶器を作れば、河浜の陶器はどれもゆがんだりしなかった。

舜のいるところは、一年たつと聚落《しゅうらく》ができ、二年たつと村になり、三年たつと都市になった。堯はそこで、舜に絺衣《ちい》（細い葛《くず》で織った布の衣服）と琴《きん》を賜い、舜のために倉を建ててやり、牛と羊をあたえた。

瞽叟はそれでもなお舜を殺そうとし、舜を倉の上にのぼらせると、下から火を放って倉を焼いた。舜は笠を両手に持ってふわりと下り、死なずにすんだ。

その後、瞽叟はまた舜に井戸を掘らせた。舜は井戸を掘って、逃げられるように横穴を作っておいた。舜が井戸の中に深く入っていったのを見はからって、瞽叟と象はいっしょ

に土を入れて井戸をうめた。舜は横穴から出て逃れた。瞽叟と象は、舜がもう死んだものと思ってよろこんだ。象は、

「これは、このおれが考えた計略だ。」

といって、父母とともに舜の財産を分けようとし、いった。

「舜の妻である堯の二人の娘と琴は、おれがもらう。牛、羊と倉はあなたたちにあげよう。」

かくして象は舜の住まいにいて、その琴を弾いていると、舜が帰ってきてそのありさまを見た。象はびっくりし、顔をくもらせていった。

「ちょうど兄さんを思って悲しんでいたところさ。」

舜「そうだろう。おまえはそうしているだろうと思っていた。」

舜はますますつつしんで瞽叟に仕え、弟を愛したのであった。

そこで、堯は舜を試して、五常の教えをつかさどる職につかせたり、百官を統括させてみたりしたが、いずれもよく治まった。

農業や漁業に従い、さらに陶器作りも行うなど、舜は何でもこなすことができ、そのまわりには、徳を慕《した》って多くの人々が集まった。父親と弟が殺そうとしても殺せなかっ

たのは、先にあったいい方を借りれば、「悪事に至らせ」なかったということである。さらには妻を感化して、嫁としての道を尽くさせもした。

舜にはさまざまな徳があった。なかで最も肝心なのは、一言でいうならば、家族のひどい仕打ちに耐え、どれだけひどい目にあわされても孝行を尽くした点であろう。

†中国の政治を規定する皇帝像

古代の聖天子については、その実在を疑う考え、いわゆる「加上説《かじょうせつ》」がある。より古い天子ほど、後から意図的に作られ、新たに加えられたとする考え方である。堯・舜についても、考古学的な遺物が発見されているわけではないし、多分に理想を反映して作り出された人物像である可能性は高い。だが、この「家族からどれだけひどい目にあわされても孝行を尽くす」人物こそが、すぐれた政治家、帝王であるとする考え方自体は、なかなかに興味深い。

中国の皇帝制度は、家父長制的《かふちょうせいてき》と称される。国家という言葉があるように、まず家が基本にあり、国家は、その拡大形態であるとも考えられる。となれば、国家の頂点に位置する帝王に、家の成員としての徳目が求められるのもごく自然なことであろう。堯がこのような舜を後継者として選んだことは、ある意味では、中国の政治制度の根幹を象徴的に物語っているともいえるのである。

舜は、禹《う》を後継者とする。禹が没した後、禹の息子の啓《けい》が帝となり、以後、代々帝位が世襲されることになる（夏《か》王朝）。

帝位が機械的に子孫に世襲されるのではなく、その時代の最もすぐれた人に継承されるという点でも、堯から舜、また舜から禹への譲位は、帝位継承の理想的なあり方が示されているといえるだろう。

『史記』の本紀は、「夏本紀」にしても、「殷《いん》本紀」にしても、世襲を続けた果て、最後に暴虐《ぼうぎゃく》な王があらわれ、王朝が滅亡する物語である。理想の帝王である堯・舜が、果たして後から創造され、付け加えられたものであったとしたら、それはこうした歴史の現実を踏まえた上での理想の姿であったともいえよう。

王を討って王となる——殷の湯王

†名君と名臣と

禹《う》自身の伝と禹が創始した夏《か》王朝の歴史について、『史記』では「夏本紀」で扱っている。夏王朝の末期、帝履癸《りき》が立った。これが桀《けつ》である。堯《ぎょう》・舜《しゅん》が至高の聖天子《せいてんし》とされるのと逆に、桀・紂《ちゅう》といえば中国歴代を通じて悪逆《あくぎゃく》の帝王の代表格としての評価が定まっている。この桀を討って夏王朝を滅ぼし、殷《いん》王朝を創始したのが、湯《とう》王である。

湯王の伝は、「殷本紀」に見える。湯の先祖は契《せつ》といい、舜を補佐して、商《しょう》の地に領地を与えられ、その子孫が代々続いていた。契の母簡狄《かんてき》は、五帝の一人、帝嚳《ていこく》の次妃であったという。簡狄が川で水浴をしていた時、玄鳥《げんちょう》が卵を落としたのを見、簡狄がそれを呑むと妊娠し、生まれたのが契であるという。始祖伝説にしばしば見られる神秘的な話であるが、湯はこの契から数えて十三代目の子孫にあたる。

以下「殷本紀」の湯に関する記述である。

主癸《しゅき》が亡くなって、子の天乙《てんいつ》が立った。これが成湯《せいとう》である。契から湯までの間に、八回みやこを遷《うつ》した。湯の時にはじめて亳《はく》に居を構えた。帝嚳が居を構えた場所にちなんだのである。そして、「帝誥《ていこう》」(帝嚳に対する報告)を作った。

湯は諸侯たちを征伐した。葛伯《かっはく》が祭祀《さいし》を行わなかったので、湯はまずこれを征伐した。湯はいった。

「人は水に映《うつ》せば、自分の姿を見ることができる。民を見れば、その地方が治まっているかどうかがわかる。」

伊尹《いいん》「すばらしいお言葉です。善言《ぜんげん》を聞き入れることができれば、道は行われます。君主として民を子供のように慈《いつく》しむならば、善を行う者たちはみな王に官として仕えましょう。お励みくださいますよう。」

湯「おまえたちが命令に従わなかったら、わしは大いに罰を与え、決して許しはしないだろう。」

そこで「湯征《とうせい》」を作った。

伊尹は名を阿衡《あこう》といった。阿衡は湯に仕えたいと思ったが、そのてだてがなかった。そこで湯の妃である有莘氏《ゆうしん》付きの下僕となり、料理道具を背負ってやってきた。おいしい料理を作って湯に近づき、ついには王道を説いて認められた。

一説には、伊尹は在野の士であって、湯が使者をつかわして招聘《しょうへい》しようとした。使者が五回も行き来して、はじめて湯のもとに赴き、素王《そおう》と九主《きゅうしゅ》のことを説いた。そこで湯は伊尹を用いて国政をゆだねたとのことである。

伊尹は湯のもとを去って夏《か》に行ったが、夏は無道でだめだと考え、ふたたび亳にもどってきた。北門から入ると、女鳩《じょきゅう》、女房《じょぼう》の二人の賢人に出会ったので、「女鳩」「女房」を作った。

湯の時に亳に都を移したのは、その先祖で、五帝の一人である帝嚳の居所にちなんだわけである。「帝誥」は、『書経《しょきょう》』の篇名のようであるが、逸してしまい、今日には伝わらない。「湯征」「女鳩」「女房」も同様である。

湯が諸侯たちを征伐したのは、夏の方伯《ほうはく》（諸侯たちの長）の地位にあったからである。ここでの湯は、いささか厳格な指導者のように見える。

この一段ではさらに、湯を補佐した伊尹が、湯に仕えるようになったいきさつを記している。周《しゅう》の文王《ぶんおう》に周公旦《しゅうこうたん》があったのと同じように、名君の背後にはそれを補佐する名臣があった。

伊尹の名である阿衡は、わが国の平安時代、藤原基経《ふじわらのもとつね》がおこした、いわゆる「阿衡《あこう》の紛議《ふんぎ》」の阿衡である。宇多《うだ》天皇が基経を関白《かんぱく》に任命した詔勅《しょうちょく》（橘広相《たちばなのひろみ》が起草）に、「宜《よろ》しく阿衡の任をもって卿《けい》の任とせよ」とあったことに、基経が激怒し、紛糾した事件である。

いいがかりに細かな詮議《せんぎ》は無用ではあるが、「阿衡は位貴《くらいたか》くも、職掌《しょくしょう》なし」というところに怒りの原因があったとされている。しかし、名臣であった伊尹になぞらえること自体、特に問題とも思えない。それはあるいは、伊尹がもと湯の妃の下僕であったとの『史記』の記述を、基経が知っていたからと想像するのはいかがであろうか。

「殷本紀」の湯の伝は続く。

†慈悲と武勲と

あるとき湯が郊外に出ると、野原で網を四面に張って、

「天下の四方から来るもの、すべてわが網に入れ。」

と祈っているものを見、いった。

「ああ、これでは取り尽くされてしまうではないか。」

そこで三面の網を撤去させ、こう祈った。

「左に行きたいものは左に行け。右に行きたいものは右に行け。命《めい》をきかないものは、わが網に入れ（**左せんと欲せば左せよ。右せんと欲せば右せよ。命を用いざる者は、吾が網に入れ**）。」

諸侯たちはこれを聞いて、こういった。

「湯の徳は最高だ。禽獣《きんじゅう》にまで及んでいる。」

この当時、夏の桀は虐政《ぎゃくせい》を行い、荒淫《こういん》であって、諸侯の昆吾《こんご》氏《し》が反乱をおこした。湯はそこで諸侯たちを率いて軍を興《おこ》し、伊尹も湯に従った。湯はみずから鉞《えつ》（まさかり）を執《と》って昆吾を征伐し、そのまま桀を征伐した。

湯が、鳥をつかまえるため四方に張られた網を見て、その三面を取り払わせた話は、湯の徳、とりわけその慈悲の心が禽獣にまで及んでいたことを示す話としてよく知られている。

ただ、『史記』の文脈を追ってみると、湯は「おまえたちが命令に従わなかったら、わしは大いに罰を与え、決して許しはしないだろう。」となかなか厳しい言葉を述べているし、記された功績も大部分が征伐に関することばかりである。

「アメとムチ」ということなのかもしれないが、あるいはお人好しに過ぎないともいえるこのエピソードは、湯に関していうなら、いささか落ち着きが悪いような気がしないでもない。

この湯が商《しょう》（殷）王朝を開く。湯から三十代、殷王朝最後の王が紂である。歴史は繰り返す。

なお、悪逆の王である桀・紂について、桀は妹嬉《ばっき》という女性の色香に迷って国を滅ぼしたといい、紂については、やはり妲己《だっき》という女性に迷って国を滅ぼしたことになっている。悪逆の桀・紂の背後に悪女があった。

紂を倒して殷王朝を滅亡させ、周王朝を開いたのが周の武王《ぶおう》である。周は、開国の功臣たちに領地をさずけて大名にする。例えば、武王の軍師であったのが太公望呂尚《たいこうぼうりょしょう》であるが、呂尚は斉《せい》の地に封じられる。武王の弟で、武王を補佐して周王朝の基礎をかためた周公旦は魯《ろ》に封じられる。『史記』では、その諸侯たちの記録が「世家《せいか》」である（「斉《せい》太公世家《たいこうせいか》」「魯周公世家《ろしゅうこうせいか》」など）。

王朝の末期、宗主《そうしゅ》としての周の権威は失われ、各国が天下を争う戦国時代に入る。その分裂時代を統一したのが秦《しん》の始皇帝《しこうてい》である。

強大な帝王に隠された最大のタブー——秦の始皇帝

†「本紀」には書かれなかった出生の秘密

中国社会、中国の家族制度においては、父系《ふけい》の血統が重視される。過去の中国において女性の大切な仕事は、後継ぎを産むことであった。

先祖の祭りをする後継ぎの男子がいないことは重大な不孝にあたったから、正妻に男子がない場合、側室を置くことはごく自然であった。いかなる女性の腹から生まれようと、男系の血統は守られると考えたからである。

一方で、女性の側にきわめて厳しく「貞節《ていせつ》」が求められたのは、純粋に継承されるべき家の血統に、他人の血が混じることを忌《い》むからである。不倫は、中国の家族制度にあって最大のタブーであったといってよい。

その点が、男子がない場合、まったく血のつながりのないよその家の男子を連れてきて養子として後継ぎに据えることができた日本の家族制度との決定的なちがいである。

中国の場合でも、男子がいない場合に養子を取ることはあるが、それは兄弟の息子など、親族の男子であることが多いようである。

こうした血統の重視は、王や皇帝の位が世襲によって継承される朝廷にあって、さらに厳格さを求められる。中国の後宮には去勢された男性である宦官《かんがん》が仕える制度があるが、宦官は、こうしたタブーから生まれたのである。

周《しゅう》王朝の末にはじまる戦国時代の分裂割拠の時代を統一したのは秦《しん》の始《し》皇帝《こうてい》である。『史記』「秦始皇本紀」には、「秦の始皇帝は、秦の荘襄王《そうじょうおう》の息子である」と記されている。ところが、秦の始皇帝については、中国社会のタブーに深く関わる出生の秘密があった。

司馬遷《しばせん》は、「秦始皇本紀」に書き込むことはしなかったが、同じ『史記』の「呂不韋《りょふい》列伝」を読めば、この秘密がわかるようにしくんだのである。

以下、「呂不韋列伝」を見よう。

呂不韋は、陽翟《ようてき》（河南省）の大商人だった。各地を往来して、安く買い入れ高く売って、家に千金の富を積み上げた。

秦の昭王《しょうおう》の四十年、太子が亡くなり、四十二年に次男の安国君《あんこくくん》を太子にした。安国君には二十余人の息子があった。安国君には寵愛している側室があったが、彼女を正夫人にして、華陽夫人《かようふじん》と称した。華陽夫人には男の子がなかった。

安国君のまん中あたりの息子に子楚《しそ》という者があった。子楚の母親は夏姫《かき》といったが、寵愛を受けておらず、子楚は人質として趙《ちょう》に行かされていた。秦がしばしば趙を攻撃したため、子楚は趙ではあまり礼遇されていなかった。

子楚は、秦の妾腹《しょうふく》の孫の一人にすぎず、諸侯の人質になっていたので、乗り物や生活費も不足し、暮らしは貧しく、おもしろからず思っていた。呂不韋が商売で趙の都の邯鄲《かんたん》に行った時、子楚の様子を見て気の毒に思った。

「この掘り出し物は手に入れておかなければ（奇貨居《きかお》くべし）。」

そこで出かけていって子楚に会い、こういった。

「わたしがあなたさまの門を大きくしてさしあげましょう。」

子楚「まずは自分の門を大きくして、それからわたしの門を大きくしたらどうだ。」

不韋「あなたさまはおわかりになりませんか。わたしの門はあなたの門のおかげで大きくなるのですよ。」

子楚は心中呂不韋の意をさとり、奥座敷に引き入れて座らせ、深く語りあった。

不韋「秦王は年をとられ、安国君さまが太子となられました。ひそかに聞くところでは、安国君さまは華陽夫人を寵愛しておられますが、華陽夫人にはお子がおられません。後継ぎをお決めになれるのは、華陽夫人をおいてほかにはおられません。

いまあなたのご兄弟は二十人あまり、あなたはそのうちの中ほど、あまり寵愛も受けず、長いこと諸侯のもとに人質になっておられます。大王がお亡くなりになり、安国君さまが王になられたとしても、あなたには、毎日朝から晩まで王のおそばにいるご長子や王子さま方と争って太子となることはほとんど不可能でしょう。」

子楚「その通りだ。ではどうすればよいのか。」

不韋「あなたさまは貧しく、よその土地で暮らしておられますから、親御さまに贈り物をされたり、賓客《ひんきゃく》と交際なさったりすることはおできになりません。わたくしは貧しいものですが、千金をもってあなたのために秦に向かい、安国君と華陽夫人にお仕えして、あなたさまをお世継ぎにしてさしあげましょう。」

すると子楚は、地に額《ひたい》をこすりつけていった。

「あなたの計略どおりになったら、きっと秦国をあなたと二人のものにいたしますから。」

呂不韋はそこで五百金を子楚に与え、名士たちと交際する費用にさせた。そして一方では五百金で珍しい品物を買い、それを持って西へ向かった。

秦に着くと、華陽夫人の姉に目通りを請い、それらの品をすべて華陽夫人に献上した。

そのついでにこういった。

「子楚どのはたいへん賢明で、あまねく天下の諸侯や名士たちと交わりを結んでおられます。そしていつも『わたくしは華陽夫人さまを天と思っている』と申され、昼も夜も太子さまと夫人を思って涙を流しておられます。」

夫人はそれを聞いてよろこんだ。不韋はそこで、夫人の姉をつかわし、華陽夫人にこう説き聞かせた。

「『容色によって人に仕えるものは、容色が衰えると愛情も薄らぐ』といわれています。いま奥方様は太子にお仕えし、たいへんな寵愛を受けておられますが、お子様がおられません。いま早いうちに息子さま方のうちで賢明かつ孝行なお方とお近づきになり、そのお方をお世継ぎに立て、わが養子になさってはいかがですか。

ご夫君がいらっしゃる間は大事にもされましょうが、さて、ご夫君が亡くなられた後も、ご自分が養子にされた者が王となれば、いつまでも権勢を失うことはございません。これぞ『たった一言で万世の利がある』というものです。しかしそのためには、華やかで勢いのある時に根元を固めておかねばなりません。容色が衰え、情愛が薄らいでしまってからでは、ほんの一言でもいい出せなくなってしまいます。

いま、子楚どのは賢明であらせられます。しかも、中ほどの息子でありますから、順序からして後継ぎになれないとご自分でも承知しておられます。その母親も寵愛を受けておりませんので、おのずと奥方様をお慕いしております。奥方様がいまこの時に抜擢して後継ぎにすえておかれれば、いつまでもこの秦でよい暮らしがおできになりましょう。」

華陽夫人はなるほどと思い、太子の暇を見て、さりげなく、子楚という趙に人質に出されているものがとても賢明であり、出入りするものがみな賞賛している、ということを告げた。そして、さめざめと涙を流しながらいった。

「わたくしは幸いにも後宮においていただいておりますが、不幸にして子がありません。願わくは子楚を養子に迎えて後継ぎとし、わたくしの身を託したいと存じます。」

安国君はそれを許し、王は夫人のために玉《ぎょく》の割符《わりふ》にそのことを刻みつけ、子楚を後継ぎにすることを約束した。安国君と華陽夫人は、子楚に手厚い贈り物をし、呂不韋にその後見役になってもらった。これによって諸侯たちの間で子楚の名声が高まったのである。

呂不韋は、邯鄲の遊女のうちでいちばん美しくいちばん踊りのうまいものを身請けして家においており、身重になったのを知っていた。子楚は呂不韋の家の宴席に招かれた時、この女を見て一目惚れし、立ち上がって呂不韋の健康を祝すると、この女をもらえまいかと頼んだ。

呂不韋は腹が立ったが、これまで子楚のためにさんざん財産をつぎ込んできたのも、大物を釣り上げたいからこそであったと思い直し、いうとおりにその女を献上した。女は妊娠していることを隠していた。

月が満ちて、政《せい》という男子を産んだ。子楚は、そこで女を正夫人にした。

秦の昭王の五十年に、秦は将軍の王齮《おうき》に邯鄲《かんたん》を包囲させた。事態は緊迫し、趙は子楚を殺そうとした。子楚は呂不韋とはかり、金六百斤を見張りの役人に与え、脱出して秦軍のもとにたどりつき、かくして秦に帰ることができた。

趙は子楚の妻と子を殺そうとしたが、子楚の夫人は趙の大金持ちの娘であったために、かくまってもらうことができ、母も子も無事であった。

秦の昭王が五十六年に亡くなると、太子である安国君が王として即位し、華陽夫人は后《こう》、子楚は太子となった。そこで趙も子楚の夫人と息子の政を秦に送りとどけた。

秦王は即位して一年で亡くなった。諡《おくりな》を孝文王《こうぶんおう》という。太子の子楚が代って王となった。荘襄王である。荘襄王の母にあたる華陽后《かようこう》は華陽太后《たいこう》となり、生みの母である夏姫を尊んで夏太后《かたいこう》とした。

荘襄王の元年、呂不韋を丞相《じょうしょう》とし、文信侯《ぶんしんこう》に封じ、河南洛陽十万戸の所領を与えた。

荘襄王は即位して三年で亡くなった。太子の政が王となると、呂不韋を尊んで相国《しょうこく》とし、仲父《ちゅうほ》（父に次ぐもの）と称した。

†実の父を死に追いやる男

この秦王政こそが、後の秦の始皇帝その人にほかならない。

呂不韋は、趙で人質になっていた子楚を見て、「この掘り出し物は手に入れておかなければ（奇貨《きか》居《お》くべし）。」といった。二十人もあった息子の一人、いわば部屋住みに過ぎず、しかも母親は王の寵愛薄く、他国に人質に出されている。普通だったら、太子となり、王となることなど、まずはありえない立場であろう。その子楚に、呂不韋は千金の投資をしようという。「地に額をこすりつけて」という子楚の反応は、実にリアルである。

呂不韋の運動が功を奏し、太子である安国君から、子楚を後継ぎにする約束をとりつける。身はいまだ趙に人質としてあったのだが、そのことによって、先には地に額をこすりつけていた子楚も、次第に態度が大きくなったのであろうか。呂不韋の女をよこせと言い出す。

もともと部屋住みだったおまえのために、これだけ尽くしてやっているのに。呂不韋が頭にきたのももっともである。しかし、ここで魚を釣り落としてしまってはいままでの苦労は水の泡。ぐっとこらえて寵姫を差し出す。このあたり、司馬遷の人間描写の筆は冴《さ》えている。

秦の昭王が亡くなった後、孝文王（安国君）は即位して一年後に亡くなり、荘襄王（子楚）もわずか三年にして亡くなっている。このあたり、「秦本紀」その他にも記述はないが、いかにも不自然な印象を受ける。

あるいは自分の血を分けた息子である政を一日でも早く秦王につけたかった呂不韋の陰謀。そんな想像をさそう。

秦王政が呂不韋を「仲父（父につぐもの）」と称したのも、実際の父親であったことを知って見ると、なかなかの皮肉である。

人質時代の子楚は、自分が秦王になれるのだったら、秦国をあなたと二人のものにしようといった。呂不韋は実際にそうした地位を手にする。秦国にあって位人臣《くらいじんしん》を極めたのである。

ところが、その呂不韋の末路は、相国を罷免され、毒をあおいでの自殺であった。その躓《つまず》きの石となったのは、もと趙の邯鄲時代の呂不韋の寵姫であり、やがて子楚の夫人となった、秦王政（始皇帝）の生母、夏太后であった。

秦王になった時、政はまだ幼かった。呂不韋は、折をみては夏太后と密会を続けていた。やがて呂不韋は、夏太后との関係が露見することを恐れ、巨根を売り物にする嫪毐《ろうあい》なる男を宦官と偽って後宮に送り込んだ。

夏太后は淫乱な女性だったようで、嫪毐を寵愛し、ひそかに子まで作っていた。やがて事がすべて露見し、秦王政は、嫪毐を厳しく処罰するとともに、母と通じていた呂不韋を憎んだのである。

これが命取りになって、呂不韋は次第に死地に追いやられてゆく。実の息子の手によって。

『史記』最大の人物――漢の高祖

†司馬遷の生きた「漢」

『史記』の中で、最高の勝利者、至高の人物といえば、理屈の上では漢《かん》王朝の創始者である高祖《こうそ》劉邦《りゅうほう》であろう。

武帝《ぶてい》によって男性のシンボルを切り落とされ、宦官《かんがん》にされる宮刑《きゅうけい》を受けるはめにおちいった司馬遷《しばせん》は、もちろん個人的には漢王朝に対して複雑な思いがあったにちがいない。だが、司馬遷も漢王朝に身を置いて生きた人間である。

司馬遷は、戦国乱世統一の偉業をなしとげた秦《しん》の始皇帝《しこうてい》について、その功績について記しつつも、一方ではその出生をめぐる中国社会最大のタブーについてまで、包み隠さず記していた。

秦の始皇帝を厳しい筆致で描いたのも、漢王朝創業にあたっての前王朝、いわば敵対者だったからであろう。秦のマイナス面が大きければ大きいほど、それだけ漢王朝が成立する必然性を高めることになるわけである。

湯王《とうおう》は夏《か》の桀《けつ》を討って殷《いん》王朝を建てた。武王《ぶおう》は殷の紂王《ちゅうおう》を討って周《しゅう》王朝を建てた。ある意味では、殷王朝、周王朝が樹立されたのは、前王朝の悪政ゆえであるし、それぞれの王朝の創始者はつねに、前王朝の悪政にピリオドを打ったすぐれた帝王なのである。漢王朝の場合にもそのことはあてはまるであろう。

では、漢王朝の創始者である高祖劉邦を、司馬遷はどのように描いているのだろうか。

「高祖本紀」を見よう。

高祖は、沛《はい》の豊邑中陽里《ほうゆうちゅうようり》の人である。姓は劉《りゅう》氏、字《あざな》は季《き》といった。父を太公《たいこう》、母を劉《りゅう》媼《おう》といった。

劉媼が大きな沼のほとりで休んでいると、夢の中で神と出会った。このとき空はかき曇り、雷がおこった。そこで太公が行って見ると、劉媼の上に蛟龍《こうりゅう》がいるのが見えた。やがて劉媼は身重になり、高祖が生まれた。

高祖の人となりは、鼻筋が通り龍のような額《ひたい》、美しい鬚《ひげ》、左の股《また》には七十二のほくろがあった。思いやりがあって人を愛し、施《ほどこ》しを好んで、さっぱりした性格、つねにおおらかであった。

家の仕事はせず、壮年になって、試しに小役人になり、泗水《しすい》の亭長（宿場の役人）になったが、役人たちはみなばかにしていた。

酒と女が好きで、いつも王媼《おうおう》・武負《ぶふ》の店に行って、つけで酒を飲んでいた。酔って横になると、武負・王媼は、その上にいつも龍がいるのが見え、不思議に思った。高祖はいつも酒を買って居続けして飲み、倍の値段を払うといっていた。だが、不思議な現象を見るに及んで、年末、この二軒ではつねに借金を棒引きにしてやった。

王朝の創始者である高祖劉邦をいかに描くか。「高祖本紀」の冒頭で行われているのは、高祖劉邦の神秘化である。

劉邦の父を「太公（おじいさん）」、母を「劉媼（劉のばあさん）」といったとあるのは、その父母の名前も伝わらなかったからである。現王朝の創始者の父母にして、その名も伝わらないのは、その出自がしがない庶民であったことを示している。

だが、その一介の庶民である劉媼が、龍の子をさずかった。高祖が「鼻筋が通り龍のような額、美しい鬚」であったのは、龍の子であることを暗示している。

その性格については、「思いやりがあって人を愛し、施しを好んで、さっぱりした性格、つねにおおらか」とほめちぎっているものの、この龍の子は、まともな家の仕事もしようともせず、壮年、『礼記《らいき》』の「曲礼《きょくらい》」には、「三十を壮《そう》という」とあるから、三十歳になってようやく、小役人になった。

それでも、酒と女が好きで、みなからばかにされる始末。酒場で酒を飲む時、「倍払うから」といっていたのが、「さっぱりした性格、つねにおおらか」ということなのかもしれないが、しょせんはつけにほかならない。

ところが、この王と武という二軒の飲み屋のマダムには、酔っぱらって寝ている劉邦の上に龍がいるのが見え、借金を棒引きにしてやった。それゆえに、これまた一介の飲み屋のマダムであった王媼・武負の二人が、歴史にその名を残すことができたのである。二千二百年前の田舎町の飲み屋のマダムの名を知ることができるというのも史書の力、驚くべきことである。

---

†野心と人相

高祖はかつて労役《ろうえき》で行った咸陽《かんよう》（秦の都）で、街をぶらぶら見歩いていると、秦の始皇帝を見た。ため息をついていった。

「ああ、大丈夫《だいじょうふ》たるもの、かくありたいものだ（**嗟乎《ああ》、大丈夫当《まさ》に此《かく》の如《ごと》かるべし**）。」

単父《ぜんほ》の人呂公《りょこう》は、仇《かたき》に狙《ねら》われていたが、沛の県令と親しかったので、その客となって、沛に家を構えた。沛県じゅうの豪傑や役人たちは、県令のところに大事な客人がいると聞き、みな贈り物を持って挨拶《あいさつ》にでかけた。蕭何《しょうか》が役人の頭《かしら》として贈り物をつかさどっており、下役人たちにいった。

「贈り物が千銭以下であるものは、堂下にひかえておれ。」

高祖は亭長となり、かねてより役人たちを軽く見ていたので、実は一銭も持っていなかったのだが、名刺にいつわって「一万銭を進上」と記した。

名刺が投じられると、呂公は大いに驚き、立ち上がって入り口まで迎えに出た。呂公は人相を見るのが好きだった。高祖の相貌《そうぼう》を見ると、鄭重に奥に引き入れて座らせた。

蕭何は「劉季はもともとほら吹きなだけで、ただのなまけものです。」といったが、高祖は客人たちを軽く見て、引き入れられるまま堂々と上座《かみざ》に座った。酒宴が盛りを過ぎ、客が帰りだしても、呂公はめくばせをして高祖を引き留めた。高祖は最後まで残っていた。

呂公「わたくしは若い時から人相を見るのが好きで、多くの人を見てきました。あなた以上の相を見たことはありません。ご自愛なさいますよう。わたくしに娘がおります。あなたの掃除婦にしてやってはいただけますまいか。」

酒宴が終わると、呂公の妻が怒っていった。

「あなたは常日頃《つねひごろ》、娘はただものではないから、貴人に嫁入らせるといっていたではないですか。あなたと親しい沛の県令が、娘を嫁にほしいといった時にも首をたてにふらなかったのに、それが何を血迷ってあの劉季なんぞにくれてやろうというのです。」

呂公「これは女子供にはわからないことだ。」

そしてとうとう娘を劉季に嫁入らせた。呂公の娘とは、すなわち後の呂后《りょこう》のことであって、孝恵帝《こうけいてい》と魯元公主《ろげんこうしゅ》を生んだのである。


人が出世の階段を上って行くためには、誰かに見いだされ、引き立てられる過程が重要である。呂公は酒好きの小役人に過ぎなかった劉邦の人相を見て、娘をくれてやった。いわばその未来に賭《か》けたのである。

「高祖本紀」ではこの後、通りがかりの老人が、畑仕事をしていた妻の呂氏と二人の子供、そして劉邦のすぐれた人相を言い当てたエピソードが記されている。すぐれた人相を見抜いた人の話を重ねるのも、一種の神秘化といえなくはない。続いて、さらに神秘的なエピソードが記される。

亭長であった高祖が県の役所からの命令で、人夫を酈山《りざん》に送り届けた時、途中で逃げ出す人夫が多くあった。このままでは到着する頃には誰もいなくなってしまうと思い、豊《ほう》県の西の沼沢地に来たところで、とどまって酒を飲み、夜には送ってきた人夫を解放していった。

「みなどこへでも好きなところへ行くがよい。わしもここから逃げよう。」

人夫たちのうち高祖の従者になりたいと願い出る壮士が十名ほどあった。高祖はさらに酒を飲み、夜、沼沢の間の小道を進もうとし、まずは一人のものを先に行かせた。先に行ったものが戻ってきて報告した。

「この先に大蛇《だいじゃ》がいて、道をふさいでいます。戻りましょう。」

高祖は酔っていて、いった。

「壮士が先へ進もうというのだ。何をおそれることがあろう。」

というと進んでいって、剣を抜き、蛇をたたき斬った。蛇は真っ二つになり、道が開けた。それから数里（一キロメートルほど）進んだところで、酔いがまわって横になった。後から来たものが、蛇のいたところまでくると、一人のおばあさんが声をあげてないている。なぜないているのかとたずねると、おばあさんがいった。

「人がわたしの息子を殺したから、ないているのです。」

「おばあさんの息子さんはどうして殺されたのですか。」

「わたしの息子は、白帝《はくてい》の子です。蛇に姿を変えて道をふさいでいたら、いま赤帝《せきてい》の息子に斬られてしまいました。それでないているのです。」

でたらめをいっていると思って、なぐりかかろうとすると、おばあさんは急に見えなくなった。

おくれていたものがやって来て、高祖は目を覚ましました。そのものが、高祖にその話をすると、高祖は心中ひそかに喜んで、赤帝の子であることを自負するようになった。従者たちはますます高祖を畏敬《いけい》した。

秦の始皇帝はつねに「東南に天子の気がある。」といっており、みずから東に行ってそれを鎮圧しようとした。高祖は、それは自分のことではないかと疑い、逃げて芒《ぼう》と碭《とう》の地の山沢の岩間に身を隠した。

呂后は人とともに高祖をさがし求めたが、いつでも見つけ出すことができた。高祖が怪しんで、なぜわかるのかとたずねた。

呂后「あなたのおられるところの上にはいつも雲気があります。だからそれを追いかけていけば、いつでもあなたに会えるのです。」

高祖は心中喜んだ。沛の若者たちには、この話を聞いて、つき従おうとするものが多かった。

秦の始皇帝の時代、長城の建築をはじめとする労役の義務が過酷をきわめたことはよく知られている。点呼の日限に遅れたら死刑になる。それならばと、秦に対する最初の反乱をおこしたのが陳勝《ちんしょう》であった（陳勝については第五章で取り上げる）。劉邦もまた、人夫を送る役目を負って旅をしたが、逃亡者が多く、それならばと自分も逃げ出したのである。

秦の二世《にせい》皇帝の元年秋、陳勝たちが蘄《き》で反乱をおこし、陳《ちん》に至って王を称し、張楚《ちょうそ》と号した。諸郡県では、多くのものが土地の長官を殺して陳渉（渉は陳勝の字《あざな》）に呼応した。沛の県令は恐れて、沛をあげて陳渉に呼応しようとした。役人頭の蕭何と監獄の役人の曹《そう》参《さん》とが、県令にいった。

「あなたは秦《しん》の役人であるのに、いま秦にそむこうとしておられます。それで沛の子弟を率いようとしても、おそらくはいうことをきかないでしょう。沛の子弟でよそに逃亡しているものを呼び集めれば、数百人にはなる。これらのものによってみなを脅迫《きょうはく》すれば、きっとみんな従うでしょう。」

そこで樊噲《はんかい》に命じて劉季を呼んでこさせた。劉季の衆はすでに数百人になっていた。樊噲は劉季につき従って戻ってきた。沛の県令は秦にそむいたことを後悔し、劉季が反乱をおこすのではと、城門を閉めてとじこもり、蕭何、曹参を誅殺《ちゅうさつ》しようとした。蕭何と曹参は恐れて、城壁を乗り越えて劉季を頼って行った。劉季は帛《きぬ》に手紙を書いて城内に射込み、父老たちに告げた。

「天下は秦の悪政に苦しんで久しい。いま父老たちが沛の県令のために城を守っても、諸侯たちが蜂起して、いまに沛のものを皆殺しにするであろう。沛としてはみんなで県令を誅殺し、沛の子弟でリーダーに立てられるものを立て、諸侯に呼応すべきである。そうすれば家は保たれるであろう。さもなければ、父子ともに皆殺しにされてしまい、何にもならぬ。」

そこで父老たちは子弟を率いてみなで沛の県令を殺し、城門を開いて劉季を迎え、沛の県令にしようとした。劉季はいった。

「天下はまさに乱れ、諸侯たちが蜂起している。いまリーダーの選び方を誤ると、まったく取り返しがつかない結果になる。わしは命が惜しいのではない。才能とぼしく、そなたたち父兄子弟を守り通せぬことを恐れるのだ。これは一大事だから、さらに互いに推薦して、ふさわしいものを選んでほしい。」

蕭何、曹参らはみな文官であったから、わが身かわいく、事が成就しなかった場合、秦が一家を根絶やしにするのではと恐れ、誰もが劉季に譲った。

父老たちはいった。

「平素から劉季のいろいろ不思議な現象を聞いているから、きっと出世するであろう。占ってみても、劉季が一番の大吉と出る。」

劉季は再三辞退したが、ほかにあえて立とうとするものはなく、結局劉季を沛公《はいこう》とした。黄帝《こうてい》の祠《ほこら》をたて、蚩尤《しゆう》（戦の神。黄帝に敗れた）を沛県の役所の庭で祀《まつ》り、太鼓に犠牲（牛や羊）の血を塗り、旗幟《きし》はみな赤にした。殺した蛇が白帝の息子であり、殺したのが赤帝の子であったから、赤を尊んだのである。

かくして、蕭何、曹参、樊噲などのような若くてすぐれた役人たちが沛の子弟二三千人を集め、胡陵《こりょう》、方与《ほうよ》を攻め、引き返して豊を守った。

まだ小勢力であるものの、劉邦が、一城のあるじとして沛公を名乗った瞬間である。これを皮切りにして、劉邦は最後には漢王朝を創業、初代の皇帝にまでのぼりつめるのである。

『史記』では、秦を滅ぼし、漢王《かんおう》に封じられるまで、劉邦に対する呼び名は沛公である。

ここにあらわれる蕭何、曹参、樊噲たちは、いずれも劉邦の天下取りを支えた人物たち、いわば譜代《ふだい》の家臣たちである。樊噲は、劉邦が項羽《こうう》とわたりあった「鴻門《こうもん》の会」での大活躍で知られる。

ここに至るまでの過程を見ても、その上に龍を見て、酒代のつけを棒引きにしてくれた王媼・武負、これほどすぐれた人相の持ち主を見たことがないといって、すぐに娘をめあわせた呂公、また「劉季が一番の大吉だ」といって、劉邦を沛のリーダーにつけた父老たちなど、多くの人々に見いだされ、支えられていることがわかる。

すべての人に劉邦の非凡さが見えていたわけではないので、人相にしても、占いにしても、一般の人には見えない運命を知る能力が重要だったのである。

先に見たように、堯《ぎょう》から舜《しゅん》へ帝位を譲るに際しても、堯はその娘を舜にめあわせていた。有力者の婿《むこ》になることも、出世の階段を上るための重要な道の一つなのであった。

第二章

権力を目指すもの——英雄たち

復讐こそすべて——伍子胥

†権力は手段にすぎない

一口に権力を目指すといっても、そこにはさまざまなケースがある。皇帝の地位につきたい、あるいは位人臣《くらいじんしん》を極めたい、といった動機によるものがあることはたしかであるが、『史記』には、そうではなくして、権力の中枢《ちゅうすう》に近づき、軍隊を動かし、おのれの目的を達しようとするものがある。伍子胥《ごししょ》の場合などがそれである。

伍子胥が権力に近づこうとした目的は、復讐である。父と兄を殺されたことへの復讐。この人のあらゆる行動は、この一つの目的に集中している。そして、この目的のためには、世間的なすべての常識、すべての道徳も二次的なものとなる。「伍子胥列伝」を見よう。

伍子胥は楚《そ》の人である。名は員《うん》。員の父は伍奢《ごしゃ》。員の兄は伍尚《ごしょう》。彼らの先祖の伍挙《ごきょ》は、歯に衣きせずに意見して楚の荘王《そうおう》に仕え、頭角をあらわした。そのため、伍家の子孫は楚にあって名門であった。

楚の平王《へいおう》に建《けん》という太子があった。平王は、伍奢をその教育係に、費無忌《ひむき》をその補佐役にした。無忌は、太子建に対して忠実ではなかった。

平王は無忌を使者としてつかわし、太子建の夫人を秦《しん》からめとろうとした。その秦の娘は美人であった。無忌は、娘が楚の都に着く前に急ぎ帰って平王に報告した。

「秦の娘は絶世の美女です。王様みずからおめとりになったらいかがです。太子にはあらためて嫁をめとってやればいいじゃないですか。」

平王はかくしてみずから秦の娘をめとり、このうえなく寵愛し、軫《しん》という男の子が生まれた。太子には別に夫人をめとってやった。

無忌は秦の娘のことで平王に取り入り、太子のもとを去って平王に仕えるようになった。無忌は、平王が亡くなって太子が王になるやいなや、自分を殺すのではないかと恐れ、太子建のことを王に讒言《ざんげん》した。

太子建の母は蔡《さい》の娘で、平王から寵愛されていなかった。平王はますます建を疎《うと》んずるようになり、建に城父《じょうほ》の地を守らせた。辺境の守備にあたらせたのである。

費無忌。こういう悪いやつは、だいたいどこにでもいる。楚の名門伍家は、こうして次第に悪者によって危機におとしいれられていく。

――

しばらくすると、無忌はまた日夜、王に太子の悪口をいった。

「太子は秦の娘のことで、きっと怨みを抱いています。王様には少しくお気をつけくださいますよう。太子は城父に行ってからというもの、軍隊を率いて、国外の諸侯たちと交際しています。いまに都に入ってクーデターをおこすつもりでしょう。」

すると平王は、教育係の伍奢を呼び出してきびしく訊問した。伍奢は、無忌が平王に太子の讒言をしていることがわかっていたので、いった。

「王様は、どうして讒言で人をおとしいれようとするようなつまらぬ臣下のいうことを信じ、血を分けた親族を疎んじられるのですか。」

だが、無忌はさらに讒言を重ねた。

「いまのうちに太子をおさえておかれませんと、事は成就してしまいます。王様も囚《とら》われ者になってしまいますぞ。」

平王は腹を立てて伍奢をとらえ、城父の司馬《しば》（軍官）奮揚《ふんよう》に命じて、太子を殺しに行かせた。奮揚は城父に着く前に、先に人をやって太子に告げた。

「急いでお逃げなさい。そうしなければ、誅殺《ちゅうさつ》されましょう。」

太子建は宋《そう》に亡命した。


費無忌は悪いやつだが、平王も相当なばかである。だいたいこういう組み合わせになっている。


無忌が平王にいった。

「伍奢には二人の息子がいて、どちらも賢明です。殺してしまいませんと、楚にとって心配の種になりましょう。父親を人質にして呼び出すのがよろしいでしょう。そうしなければ、楚の患《わずら》いになります。」

王は使いをつかわして伍奢にいった。

「おまえの二人の息子を呼び出せるならば命は助けるが、できなければ命はないぞ。」

伍奢「尚《しょう》は情《なさけ》ふかい人柄ですから、呼べばかならずやってきましょうが、員《うん》は剛毅《ごうき》で周囲を気にせず、でっかいことをやってくれる性格です。出て行ったところでいっしょにつかまるとわかっていますから、出てはこないでしょう。」

だが、王は聞き入れずに、使者をつかわして二人の息子に呼び出しをかけた。

使者「出てくれば、父親の命は助ける。出てこなければ、すぐに伍奢を殺す。」

　伍尚が出て行こうとすると、員がいった。

「楚が自分たち兄弟を呼び出すのは、父上を生かそうとしてのことじゃない。誰かが生き残った場合、後の患いとなるのを恐れ、父上を人質に取って、われわれをだまして呼び出そうとするのだ。われわれ二人が出て行ったら、父も子も死んでしまう。それでは父上は犬死《いぬじに》になってしまうではないか。出て行けば、敵が仇討《かたきう》ちをされずにすむだけのこと。それなら他国に逃げて、力を借りて父上の恥をそそいだ方がよい。みんなが死んでしまっては、何にもならない。」

伍尚「出て行ったところで、父上が生きられるとはわたしも思っていない。だが、父上はわれわれを呼んで生きようとしておられる。それなのに出ても行かず、後になって恥もそそげなかったら、身は天下のもの笑いになるではないか。」

　そして、さらに続けて員にいった。

「おまえは逃げろ。おまえが父上を殺したものの仇を討ってくれるのであれば、わたしはよろこんで死のう。」

　伍尚がつかまると、使者は伍子胥（伍員）をとらえようとした。子胥は弓をひきしぼり、矢をつがえて使者に立ち向かったので、使者は近づくことができず、子胥は逃げおおせることができた。

太子建が宋にいると聞き、そこに行って太子に従った。伍奢は子胥が逃げたと聞いて、いった。

「楚国の君臣は、いまに他国との戦《いくさ》に苦しむであろう。」

伍尚が楚の都に着くと、楚は伍奢も伍尚も殺してしまった。


「出てくれば、親の命は助けてやる」というのが、うそいつわりであることは明白である。それにしても実の親が敵の手にとらえられ、命の危機が迫っているとわかれば、出て行くのが人情というものであろうし、中国にあっても、後世の儒教道徳は、こうした状況下で、出て行くべきことをはっきり教えるであろう。

伍子胥の場合はちがっていた。父親が殺されるといわれても出て行かず、生き延びて父の仇討ちをする道を選ぶのである。怨《うら》みの深さともいえるし、冷静な計算ともいえる。少なくともここには、現在苦境におちいっている親を見捨てるから不孝、という硬直した道徳観はない。親の仇を討つという次元の異なる孝行を目指すのである。

†復讐の成就と新たな復讐者

かくして亡命した伍子胥は、各地を転々とした末、呉王闔廬《ごおうこうりょ》のもとで重用される。父親を殺されて十六年の後、呉の軍は楚の都に攻め入る。

父の仇である楚の平王は、この時すでに世になく、息子の昭王《しょうおう》（秦の娘の子）が王になっていた。呉の軍が都になだれ込んだ時、昭王はすでに逃げ去っており、伍子胥も昭王をさがしだせなかった。そこで、平王の墓をあばいて、その遺体を引きずり出し、それを三百回もむち打ったとある。すさまじい怨念である。

伍奢と伍尚が殺されるもとを作った費無忌は、すでに伍子胥を擁する呉の軍が楚をおびやかしはじめた時点で、楚の人々によって誅殺されていた。この点については、伍子胥の伝では、悪には悪の報いがあるという意味での予定調和の世界ができあがっているともいえる。

では、父と兄の仇を討った後の伍子胥はどうなったか。これまた、この強烈な個性の持ち主にふさわしい悲劇が待ち受けていた。

今度の舞台は、『史記』の中でも緊迫した対立の一つである呉と越《えつ》の戦い、その対立者は、やはり楚から呉への亡命者として呉王に重用された伯嚭《はくひ》である。

五年の後、呉は越を伐《う》った。越王句践《こうせん》が迎え撃ち、呉を姑蘇《こそ》(蘇州)で打ち破った。闔廬は指を傷つけられ、呉軍は退却した。闔廬はこの傷がもとで病気になり、いまにも死にそうになった。そこで太子の夫差《ふさ》にいった。

「おまえは句践が父親を殺したことを忘れるか。」

夫差「決して忘れません。」

その夕方、闔廬は亡くなった。夫差が即位して呉王となり、伯嚭を太宰《たいさい》(大臣)とし、弓戦の訓練を行った。

二年後、越を伐ち、越を夫湫山《ふしょう》で打ち破った。越王句践は、残りの兵五千人とともに会稽《かいけい》山の上にたてこもり、大夫の種《しょう》をつかわし、呉の太宰である伯嚭に手厚く贈り物をおくって講和を請い、越王は呉王の臣下であり、王妃は呉王の妾《めかけ》の立場となることを求めた。

呉王はそれを認めようとした。すると伍子胥がいさめていった。

「越王は艱難辛苦《かんなんしんく》に耐えられるお方です。いますぐ滅ぼしてしまわなかったら、かならず後悔します。」

呉王は聞き入れず、太宰の嚭の意見を用いて、越と講和した。

その五年後、斉《せい》の景公《けいこう》が亡くなって大臣たちが争っており、しかも新君はまだ若いと聞き知った呉王は、兵をおこして北のかた斉を伐とうとした。伍子胥はいさめていった。

「句践は、一菜の食事に甘んじ、死者を弔問し、病者を見舞っています。それはこれらのものたちを用いる心づもりがあるからです。この人が死なないかぎり、かならずや呉の患いとなります。いま越は呉にとって、心腹の病のようなものです。それなのに王様が、越を後回しにして斉に力を入れようとしておられますのは、まったくの大まちがいです。」

呉王は聞き入れず、斉を伐ち、斉の軍隊を艾陵《がいりょう》で大敗させ、その勢いで、鄒《すう》・魯《ろ》の君に武威を見せつけて帰国した。呉王はますます子胥のはかりごとを疎んずるようになった。

死してなおやまない執念

敵同士が同じ船の上ではちあわせる「呉越同舟《ごえつどうしゅう》」という言葉があるように、呉と越は、むかしから仲の悪い国の代表である。呉王夫差と越王句践との攻防は、『史記』「越王句践世家」に詳しく描かれている。「会稽の恥を雪《そそ》ぐ」「臥薪嘗胆《がしんしょうたん》」といった言葉も、この時の越王句践の言葉である。

もう一歩のところで、越を完全に滅ぼすことができたのに、呉王夫差は伍子胥の進言をしりぞけ、越から賄賂《わいろ》をもらった太宰の嚭の意見を採り上げたのである。

四年後、呉王が北のかた斉を伐とうとすると、越王句践は、子貢《しこう》のはかりごとによって、兵を率いて呉を助け、また貴重な宝物を太宰の嚭に献上した。太宰の嚭は、すでに何度も越からの賄賂を受けていたので、越をことのほかひいきして信頼し、日夜越に都合のよいことを呉王に告げた。呉王は伯嚭の意見をすっかり信用していた。伍子胥がいさめていった。

「越は呉にとって、心腹の病です。いまそのお世辞やうそを真に受けて斉を貪《むさぼ》ろうとしておられます。斉を破っても、それは石ころだらけの畑のようなもので、何の役にも立ちません。殷《いん》の「盤庚《ばんこう》の誥《こう》」(『書経《しょきょう》』の篇名)に『是非を転倒させ、命令をきかないものがあれば、鼻をそぎ、殺し尽くして、生き残らせるな。その子孫をこの国にはびこらせてはならない』とあります。このようであったからこそ殷の国が盛んになったのです。どうか王様は斉のことなどお忘れになり、越を先にお考えください。そうしなければ、後でいくら後悔してもどうすることもできません。」

呉王はそれでも聞き入れず、子胥を斉への使いとして行かせた。子胥は出発にあたって、その息子にいった。

「わたしは再三王をいさめたが、王は聞き入れなかった。わたしにはまもなく呉が滅亡するのが目に見える。おまえが呉といっしょに死んだとて、何にもならない。」

そこでその息子を斉の大臣である鮑牧《ほうぼく》のもとに預け、呉に帰って復命した。

呉の太宰の嚭は、とうのむかしに子胥と仲たがいしていたので、伍子胥の息子のことを知るや、こう讒言した。

「子胥は強情で乱暴、恩情に乏《とぼ》しく、疑り深い性格です。そんな伍子胥が怨《うら》みを抱けば、たいへんなわざわいがもたらされましょう。以前、王が斉を伐とうとされた時、子胥は、だめだといいました。ところが王はこれを伐って大功をたてられました。子胥は自分の意見が用いられなかったのを恥じ、逆怨《さかうら》みをしているのです。いま王が再び斉を伐とうとされるのを、子胥は強くいさめ、事を台無《だいな》しにしようとしています。それというのも、呉が敗れて自分の計略がまさっていたことを示そうと願うからなのです。

今回は王がみずから出陣され、国の兵力を挙げて斉を伐とうとしておられます。それなのに、子胥は自分の意見が用いられなかったせいで、病気にかこつけて従軍を辞退しています。王はお気をつけにならなければなりません。ここでわざわいをおこすことは簡単ですから。

しかも、わたくしが人をやってさぐらせたところによりますと、子胥は斉に使いした時、その息子を斉の鮑氏に預けています。いったい臣下として、国内で自分の思うようにならないからといって、外で諸侯に頼るなどということがあってよいものでしょうか。先王の謀臣《ぼうしん》だったと自分では思いながら、いま用いられなくなったので、常に鬱々として怨みを抱いているのです。王様、どうか早々に片をつけてくださいますよう。」

呉王「そなたにいわれるまでもなく、わしも疑っていたのだ。」

そして使いをつかわし、伍子胥に属鏤《しょくる》の剣（名剣）を賜わり、こういわせた。

「おまえはこの剣で死ね。」

伍子胥は天を仰ぎ、嘆息していった。

「ああ。讒言をする臣、伯嚭が国を乱しているのに、王は逆にわたしを誅殺される。わたしはあなたの父を覇者《はしゃ》にした。あなたが王になる前、公子たちが争っていた。わたしが命をかけて先王と争わなかったら、あなたはまず王にはなれなかったのではないか。王になってから、呉の国の一部をわたしにくれるといったが、わたしはそれを望まなかった。それなのに、いまおまえはこびへつらう臣下のいうことを聞いて、この長年つかえて功績をあげた臣下を殺すのか。」

そして自分の家来に向かっていった。

「かならず、わたしの墓の上に梓《あずさ》の木を植えよ。呉王の棺《ひつぎ》にするためだ。わたしの眼をえぐり出して、呉の都の東門の上に懸けろ（**吾が眼を抉《えぐ》りて呉の東門の上に懸けよ**）。越の軍が攻め入って呉を滅ぼすのをしかと見るためだ。」

そういうとみずから首はねて死んだ。呉王は子胥の言葉を聞いてますます怒り、子胥の屍《しかばね》を取り出して、馬の皮袋につめ、長江に流した。呉の人はそれを憐れんで、長江のほとりに祠《ほこら》を立て、胥山《しょざん》と名づけた。

それから九年の後、越はついに呉を滅ぼした。呉王の夫差は殺され、太宰の嚭も誅殺された。主君に忠義を尽くさず、外国から賄賂を受け、通謀していたというのがその理由であった。

伍子胥は殺されてしまったが、最後には子胥の予言通りになり、夫差も伯嚭も殺された。ここでも予定調和は成り立っている。

わが「舌」は最強の武器となる——蘇秦と張儀

†外交という戦い

呉《ご》と越《えつ》が激烈な戦いをくりひろげていたのは、春秋《しゅんじゅう》時代末期のこと、時代はこの後、戦国《せんごく》時代に入る。戦国七雄《しちゆう》と称される各国（秦《しん》・楚《そ》・燕《えん》・斉《せい》・趙《ちょう》・魏《ぎ》・韓《かん》）が、全国統一をめざし、それぞれに富国強兵をはかった。

いかにして国を富ませ、兵を強くするかという国内的な政策とともに、外交の策略も問われた時代である。自国の力をそぐことなく、いかにして他国に勢力をひろげてゆくか。それはもちろん武力を背景にしつつも、外交に負うところも少なくなかった。

この時代、遊説家《ゆうぜいか》と称される人々が、各地をめぐって活躍した。彼らは主として外交政策を説いて、諸侯に用いられることを求めたのであった。用いられるかどうかは、その弁舌の力にかかっている。遊説家の代表格の二人が、蘇秦《そしん》と張儀《ちょうぎ》である。

蘇秦は六国が同盟を結んで秦に対抗する合従策《がっしょうさく》、張儀は秦が個別に六国と同盟を結ぶ

――連衡策《れんこうさく》を主張するといった具合に、二人の外交政策は対立するものであったが、実は二人はまた互いに支え合う関係にもあった。まずは「蘇秦列伝」を見よう。

蘇秦は東周《とうしゅう》の都洛陽《らくよう》の人である。東の斉に師を求めて行き、鬼谷先生《きこくせんせい》について学んだ。故郷を出て数年、大いに困窮して戻ってきた。兄弟、兄嫁《あによめ》、妹、妻、妾《めかけ》、みなひそかに笑っていった。

「周の人の風俗は、農業を治め、工商にはげみ、二割の利益をあげることにつとめている。ところが、あなたは地道な仕事につとめず、口先だけで仕事をしようとしている。困窮するのは、あたりまえではないか。」

蘇秦はそれを聞いて恥じ入り、自分がいやになって、部屋に閉じこもったきり、書物を取り出して全部読んでみた。

蘇秦「そもそも士たるもの、頭を下げて師から学問を授けられたとしても、それで偉くなれないのだったら、意味がない。どれだけ多くの本を読んだとて、何の役にも立たない。」

そこで『周書陰符《しゅうしょいんぷ》』という本を手に入れ、熱心に読みふけった。一年ほどたつと、相手の意を察して説得する術を身につけた。

蘇秦「これで君主たちを説得できるぞ。」

まずは周の顕王《けんおう》を説得しようと試みた。顕王のおそばのものたちは、かねてより蘇秦のことをよく知っていたので、みなばかにして、いうことを信用しなかった。そこで、西のかた秦に行った。秦の孝公《こうこう》が亡くなっていたので、息子の恵王《けいおう》に説いた。

「秦は、四方に自然の要害《ようがい》がある国です。山に囲まれ、渭水《いすい》を帯とし、東には函谷関《かんこくかん》と黄《こう》河《が》があり、西には漢中《かんちゅう》、南には巴《は》と蜀《しょく》、北には代《だい》と馬《ば》の地方があって、これは天然の倉庫といえます。これに加えて、人々は多く、兵法の訓練も受けておりますので、天下を併呑《へいどん》して、帝王として統治することが可能です。」

秦王「羽がはえそろわなければ、鳥も空高く飛べない。国に文教がゆきわたらなければ、他国を兼併《けんぺい》することもできまい。」

秦ではちょうど商鞅《しょうおう》を誅殺したところで、弁舌の士をきらっていたので、用いられなかった。

そこで東のかた趙に向かった。

蘇秦は「そもそも士たるもの、頭を下げて学問を授けられ」云々といっていた。蘇秦の家は、この時代に本を読んで暮らしていられるくらいだから、それ相応の生活レベルにあったことはたしかであるが、王侯貴族の出身ではない。本来ならば、たしかに農業

や商工業に従って生計をたててもよいはずであった。

ところが、ここに「士」という人々が生まれ、本を読んで学問をし、学問によって身につけた弁舌によって、諸侯たちに自分の意見を述べ、説得を試み、うまくいけば重く用いられるという生き方の道が開けたのである。

実は孔子《こうし》もそのような生き方をした。孔子は、学生を教え、その学生を各地の諸侯のもとに就職させた。つまり学問が就職に結びつく道を切り開いたのである。中国社会において、孔子が高い地位にあるのは、学問によって就職しようとする「士」にとっての守り本尊だからである。

後世にあって、「士」は儒学の学力によって就職した。後世の士は、孔子教一色に染まってしまったわけだが、戦国時代に求められた士は、より多様であった。諸国は、富国強兵という目的のために、実際役に立つものであれば、どのような手段でも採用したかったからである。こうした多様な士たちが、いわゆる「諸子百家《しょしひゃっか》」である。

蘇秦は、まず西の秦に行って、自分の説を披露した。しかし、秦では用いられなかった。すると次に趙に行った。趙でも用いられず、次は北の燕に行った。こうした具合に、次々と各国をめぐり、各国の君主を説得して、戦国七雄のうち、有力だった西の秦に対して、その他の六国が同盟を結んで対抗する、いわゆる合従策の実現に成功する。

ここで注意すべきは、蘇秦がまずはじめに秦に赴いたことで、もしこのとき秦で用いられていたとしたら、秦のために働いていたのである。このあたり、自分の力を発揮できるところであれば、どこでもよかったといえる。後世のものさしではかれば、これを節操《せつそう》がないと見るのだろうが、蘇秦の時代にあって、またそれを描いた司馬遷《しばせん》にとっては、その行動は、むしろ闊達《かったつ》さと考えられたのであろう。

なお、「蘇秦列伝」でかなりの分量を占めるのが、蘇秦が各国を回って、諸侯たちの説得を試みたそのせりふである。その内容には、ここに「秦は、四方に自然の要害がある国です」云々といっているように、それぞれの地方の地理的特徴からはじまって、周囲の政治状況、勢力分布といったことも含まれており、戦国七雄の各国の情勢の要約にもなっている。

以下は、「蘇秦列伝」で、六国の合従策の実現に成功した時の蘇秦の様子である。

†出世して変わるまわりの態度

かくして六国による合従策は成り、力を合わせることになった。蘇秦は合従連盟の長となり、六国の宰相を兼ねた。

そして、北のかた趙王への報告に向かう途次、郷里の洛陽を通り過ぎた。車騎や荷車は、諸侯たちがそれぞれ使者をつかわして届けてきたものがたいへん多く、王者かと思われるほどであった。

周の顕王は、それを聞いて恐ろしくなり、道を掃き清め、人を郊外までつかわして慰労させたのであった。

蘇秦の兄弟や妻、兄嫁たちは、目を合わせもせず、仰ぎ見ようともしないで、うつむいたままで食事の給仕をした。蘇秦は笑いながら兄嫁にいった。

「どうして前には威張っていたのに、今度は恭《うやうや》しくなったのですか。」

兄嫁は、はいつくばり、地面に顔をつけて、謝っていった。

「あなたさまの位が高く、お金持ちでいらっしゃるからです。」

蘇秦はため息をついていった。

「同じ一人の人間なのに、富貴であれば、おそれかしこまり、貧賤であれば、ばかにする。親戚ですらそうなのだから、世の人についてはなおさらであろう。それにしても、わたしがもし洛陽の城郭近くに二頃《けい》（約三・六ヘクタール）の田畑を持っていたとしたら、それで満足して、六国の宰相の印を腰に結びつけることはできなかったであろう（**我をして洛《らく》陽負《ようふ》郭《かく》の田二《でんに》頃《けい》有らしめば、吾豈《われあ》に能《よ》く六国《りくこく》の相印《しょういん》を佩《お》びんや**）。」

そういって、一族のものや友人たちに千金をばらまいてやった。

人は現金なものである。それは古今東西かわりはしない。ただ、一族の中から出世し金持ちになったものが出ると、親戚友人一同、そのものを頼りにして身を寄せ、一方で出世した方では、そうした親戚友人に利益を還元してやるのが「甲斐性《かいしょう》」だ、というのが中国的な人間関係のようである。

これは後世、科挙《かきょ》の制度が行われるようになってからも同様で、一族から科挙の最終段階の及第者である進士《しんし》が出ると、みんながそこを頼って身を寄せてゆく。この人間関係の構造が、「蘇秦列伝」にも見てとれるわけである。

続いて蘇秦のライバルであった張儀《ちょうぎ》の伝である「張儀列伝」を見よう。

†権謀家の友情

張儀は魏の人である。はじめ、蘇秦といっしょに鬼谷先生について術を学んだ。蘇秦はみずから張儀にはかなわないと思っていた。

張儀は学業を終えると、諸侯を遊説して回った。かつて、楚の大臣の酒宴に連なった。宴会が終わると、楚の大臣は璧《へき》(環状の平たい玉《ぎょく》)がなくなっていることに気づいた。大臣の家来たちは、張儀を疑っていった。

「張儀は貧乏で行いもよろしくない。こいつが大臣さまの璧を盗んだにちがいない。」

みんなで張儀をとらえ、数百回もむちうった。それでもやったといわなかったので、釈放した。張儀の妻がいった。

「ああ。あなたも書物を読んで遊説などしさえしなかったら、こんな辱《はずかし》めにあうことはなかったでしょうに。」

張儀は妻にいった。

「おれの舌はまだあるか。」

妻は笑っていった。

「舌はあります。」

張儀「それで十分だ。」

蘇秦はすでに趙王を説き伏せて、合従の同盟を結ばせていた。しかし、秦が諸侯を攻撃することで、同盟が破綻《はたん》するのではと恐れていた。そこで、自分の思うように秦で働いてくれるものは、この人しかいないと考え、人をやって張儀にこういわせた。

「あなたははじめ蘇秦と仲がよかったのでしょう。蘇秦はいまや重要な地位についています。蘇秦のところへ出かけていって、あなたの望みをかなえさせてほしいといってみてはいかがですか。」

そこで張儀は趙に赴いて、蘇秦に目通りを求めた。すると蘇秦は、門番に命じて取り次がないようにさせ、同時に数日の間、立ち去ることができないようにさせた。

やがて面会した時には、張儀を堂の下に座らせ、下男下女たちが食べる食事を与えて、こう叱責した。

「おまえはすぐれた才能を持っているのに、こんなにひどく落ちぶれてしまったのも、身から出たさびだ。おれが主君に口利《くちき》きをして、おまえを富貴にしてやることは簡単だが、おまえにそれだけの値打ちはないわ。」

断って追い出した。張儀はやって来る時、昔なじみの友人だから助けてくれるだろうと思ったのに、逆に辱めを受けたので、腹が立った。蘇秦側の諸侯たちに仕えることはできないが、ただ秦だけが趙を苦しめることができると考え、秦に行った。

蘇秦は、その後で家来のものにいった。

「張儀は天下の賢士だ。わたしでも彼にはかなわない。いまわたしは運よく先に用いられたのだが、秦を動かせるのは、張儀だけだ。だが張儀は貧しいから、仕官のてだてもあるまい。わたしは張儀が小さな利益に満足して大きな志を遂げないことを心配したから、わざわざ呼び出して辱め、その志を刺激してやったのだ。おまえはわたしに代わってひそかかけさせた。

そして趙王にこのことを話し、お金や車馬を提供してもらい、家来に命じて張儀を追いかけさせた。

家来は張儀と同じ宿に泊まり、次第に近づきになって、車馬やお金を提供し、必要なものがあれば、与えてやった。だが、それが蘇秦から出ていることは告げなかった。

張儀はかくして秦の恵王に目通りすることができた。恵王は張儀を客卿《きゃくけい》（他国のものを招いて任じた大臣）とし、ともに諸侯たちを伐《う》つ作戦を立てさせることになった。

蘇秦の家来がそこで辞去しようとした。

張儀「あなたのおかげで出世することができました。これからご恩返しをしようと思うのに、どうして行ってしまわれるのでしょう。」

家来「わたしはあなたをほんとうに理解しているわけではありません。あなたをほんとうに理解しているのは、蘇秦さまです。蘇秦さまは、秦が趙を攻撃して、合従の盟約が破綻することを心配され、あなた以外に秦の権力を左右させるにふさわしいお方はいないと考え、それでわざとあなたを怒らせたのです。そしてわたくしに命じ、ひそかにあなたのお世話をさせました。これらすべて蘇秦さまのはかりごとなのです。いまあなたが秦に用いられましたので、帰って報告いたします。」

張儀「ああ、こういう策略ならわたしも学んでいたはずだったのに、まったく気がつかなかったとは。わたしは蘇秦どのにはかないません。わたしは新たに用いられたばかりで、どうして趙を攻めることなどできましょう。どうぞ蘇秦どのにお礼を申し上げ、こうお伝えください。『蘇秦どのがおられる間、わたくし張儀は何も申しません。また、蘇秦どのがおられる限り、わたくし張儀に何ができましょう』と。」

謀略の渦巻く時代のこと、張儀を怒らせて六国に敵対する秦に行かせるというのも、蘇秦の策略であった。張儀は、そのおかげで出世のいとぐちをつかんだことになるが、結局は蘇秦に一本取られていたわけである。

七つの国が覇権を争った戦国時代。西の強国秦に対して、その他の六国が同盟する蘇秦の合従策に対して、西の秦が個別に各国と同盟しつつ、六国を一つ一つつぶしてゆこうとするのが、張儀の連衡策であった。秦の始皇帝《しこうてい》が全国統一を果たしたという歴史の結果から見ると、張儀の連衡策が、最終的には勝利をおさめたことになる。

だが、「張儀列伝」によれば、張儀が本格的にこの連衡策を開始するのは、蘇秦が世を去った後のこととしている。「蘇秦どのがおられる間、わたし張儀は何も申しません」というのはほんとうだったのである。

天下を取れなかった英雄——項羽

†名家の将軍

前章で見たように、『史記』における最大の勝利者が高祖劉邦《りゅうほう》であるとしたら、その最大の敵対者が項羽《こうう》である。

項羽は天下を取ったわけではないが、その項羽を、司馬遷《しばせん》は「列伝」ではなく、「本紀」に置くという特別待遇を与えている。

項羽は、どのようにして本紀中の人物になったのだろうか。「項羽本紀」を見よう。

項籍《こうせき》は下相《かしょう》の人である。字《あざな》は羽《う》。はじめて兵をおこした時、年は二十四歳だった。その末の叔父を項梁《こうりょう》といい、項梁の父は楚《そ》の将軍であった項燕《こうえん》である。項燕は、秦《しん》の将軍王翦《おうせん》に殺されたのであった。項氏は代々楚の将軍で、項に領地を与えられていた。それで項を姓としたのである。

項籍は若い頃、読み書きを学んで、ものにならなかった。そこで剣術を学んだが、それもものにならなかった。項梁が怒ると、籍はいった。

「文字など自分の姓名が書ければ十分です。剣術は、一人の敵に対するだけのものですから、学ぶに足りません。万人の敵に対することを学びたいのです（**書《しょ》は以《もっ》て名姓《めいせい》を記《き》するに足《た》るのみ。剣は一人《いちにん》の敵なり、学ぶに足らず。万人の敵を学ばん**）。」

そこで項梁は籍に兵法を教えてみたところ、籍は大いによろこんだものの、だいたいその意がわかると、それ以上つきつめて学ぼうとはしなかった。

項梁はかつて櫟陽《れきよう》県で逮捕されてしまったが、蘄《き》の監獄の役人であった曹咎《そうきゅう》から書状をもらって、櫟陽県の監獄の役人である司馬欣《しばきん》に届け、そのため事は沙汰やみになった。

項梁は人を殺し、籍とともに呉中《ごちゅう》に行って仇《かたき》を避けた。呉中のすぐれた人々は、みな項梁の部下となり、呉中に大がかりな労役や葬式があると、項梁はつねにそれを中心となって取り仕切った。そしてひそかに兵法によって賓客《ひんきゃく》や子弟たちを区分けして率い、それぞれの能力を知ったのであった。

秦の始皇帝《しこうてい》が会稽《かいけい》に行幸するのに、浙江《せっこう》を渡った。それを梁は籍といっしょに見物した。

項籍「あいつに取って代わってやろう（**彼《かれ》取りて代わるべきなり**）。」

項梁は項籍の口をおおっていった。

「めったなことをいうものでない。一族皆殺しだぞ。」

だが梁はこのことで籍をたいした人物だと思った。

籍は身長八尺（一八〇センチメートル）あまり、鼎《かなえ》（三本足の大きな器）を持ち上げることができる力持ちで、才気は人よりまさっていたので、呉中の子弟たちもみな項籍には一目置いたのであった。


劉邦の方が、その父の名もわからなかったのと比べると、項羽の方は代々楚の将軍の家柄であった。だが、その実の父親についてはほとんど記録がない。幼い頃から、項羽は叔父である項梁のもとにあり、項梁に育てられていたもののようである。

項梁は、やがて秦の将軍章邯《しょうかん》に敗れ、戦死してしまうのであるが、「項羽本紀」では、それまでは、もっぱら項梁の活躍を語っている。


秦の二世《にせい》皇帝元年の七月、陳渉《ちんしょう》らが大沢中《だいたくちゅう》で兵を挙げた。その九月、会稽郡の長官である殷通《いんつう》が項梁にいった。

「長江《ちょうこう》以北の土地ではみな秦に反旗をひるがえした。これは天が秦を滅ぼそうとしているのだ。『先んずれば人を制し、後れれば人に制される』という。わしは兵を挙げ、そなた桓楚《かんそ》を将軍にしようと思う。」

このとき桓楚は逃げて沢中《たくちゅう》にあった。

「桓楚は逃亡して、誰も居場所を知りません。知っているのは項籍だけです。」

項梁はそういって表に出ると、籍に剣を持って外でひかえさせた。梁はふたたび中に入って、長官とともに座った。

項梁「願わくは籍を呼び出し、桓楚を呼び出すよう命令をおさずけくださいますよう。」

長官「よかろう。」

梁は籍を呼び入れた。しばらくすると、梁は籍に目配《めくば》せしていった。

「やれ。」

すると籍は剣を抜き長官の首を斬った。項梁は首を持ち、その印綬《いんじゅ》を腰につけた。役所の部下たちは驚いて大騒ぎになったので、籍は数十人を撃ち殺した。役所中がひれ伏し、刃向かうものはなかった。

項梁は以前から知り合いだった役人たちを呼んで、大事をおこそうとする理由を述べ、かくして呉中で兵を挙げた。郡に属する県をも配下に組み入れ、精兵八千人を得た。

項梁は呉中の豪傑たちを校尉《こうい》（将軍の次官）、候《こう》（偵察役）、司馬《しば》（将軍の属官）の役職につけたが、一人だけ用いられなかったものがいた。彼はそれを不満とし、直接項梁に文句をいった。

項梁「以前ある葬式の時、おまえに取り仕切らせてみたが、できなかった。だからおまえを用いないのだ。」

それでみな梁に心服したのであった。

項梁は、かくして会稽の長官となり、項籍は副将となって、所属の県を従えたのである。

†秦を打ち破り、劉邦との対決へ

項梁は次第に勢力を強め、范増《はんぞう》の計によって、秦に滅ぼされた楚の王族で民間にあったものを探し出し、楚の懐王《かいおう》として立てた。懐王はしょせん、秦に対して反旗をひるがえすための錦の御旗として担ぎ出されただけのことで、傀儡《かいらい》に過ぎない。沛《はい》で挙兵した劉邦の軍も、この懐王のもとにはせ参じ、項羽と力を合わせて秦の軍と戦ったのである。

ところが、楚軍は秦の将軍章邯に打ち破られ、項梁も戦死してしまう。項梁亡き後、楚の上将軍《じょうしょうぐん》となったのが宋義《そうぎ》であったが、宋義はいつまでも軍をとどめ、趙《ちょう》を攻める秦軍の様子を傍観しようとしていた。

項羽はこの宋義を殺して、みずから上将軍になった。項羽が楚軍の指揮権をにぎったのはこの時である。項羽は、秦に対して立ち上がった諸侯たちを配下に収め、いよいよ

――秦の都咸陽《かんよう》に迫った。

楚軍は夜討ちをかけて、新安《しんあん》城の南で秦の兵卒二十余万人を穴埋めにし、つぎつぎと秦の地を攻略して行った。ところが函谷関《かんこくかん》には兵が守っていて、関中《かんちゅう》に入れなかった。一方で沛公《はいこう》（劉邦）がすでに都の咸陽を打ち破ったと聞いて、項羽は大いに怒り、当陽《とうよう》君《くん》らに命じて函谷関を攻撃させた。かくして項羽は関中に入り、戯西《ぎせい》に至った。

沛公は覇上《はじょう》に陣をかまえていたが、まだ項羽に目通りしていなかった。沛公の左司馬曹《そう》無傷《むしょう》が人をやって項羽にこう告げ口した。

「沛公は関中の王になろうとして、秦王の子嬰《しえい》を宰相にし、珍宝をことごとく自分のものにしています。」

項羽は大いに怒っていった。

「明日、士卒に酒食を供し、沛公の軍を打ち破ってやろう。」

このとき、項羽の兵は四十万、新豊《しんぽう》の鴻門《こうもん》にあり、沛公の兵は十万、覇上にあった。范増が項羽にいった。

「沛公が山東《さんとう》にいた時には、財貨をむさぼり、美人を好んでおりました。今、関中に入ってからは、財物に手をつけず、婦女も近づけません。ということはその志が小さくないか

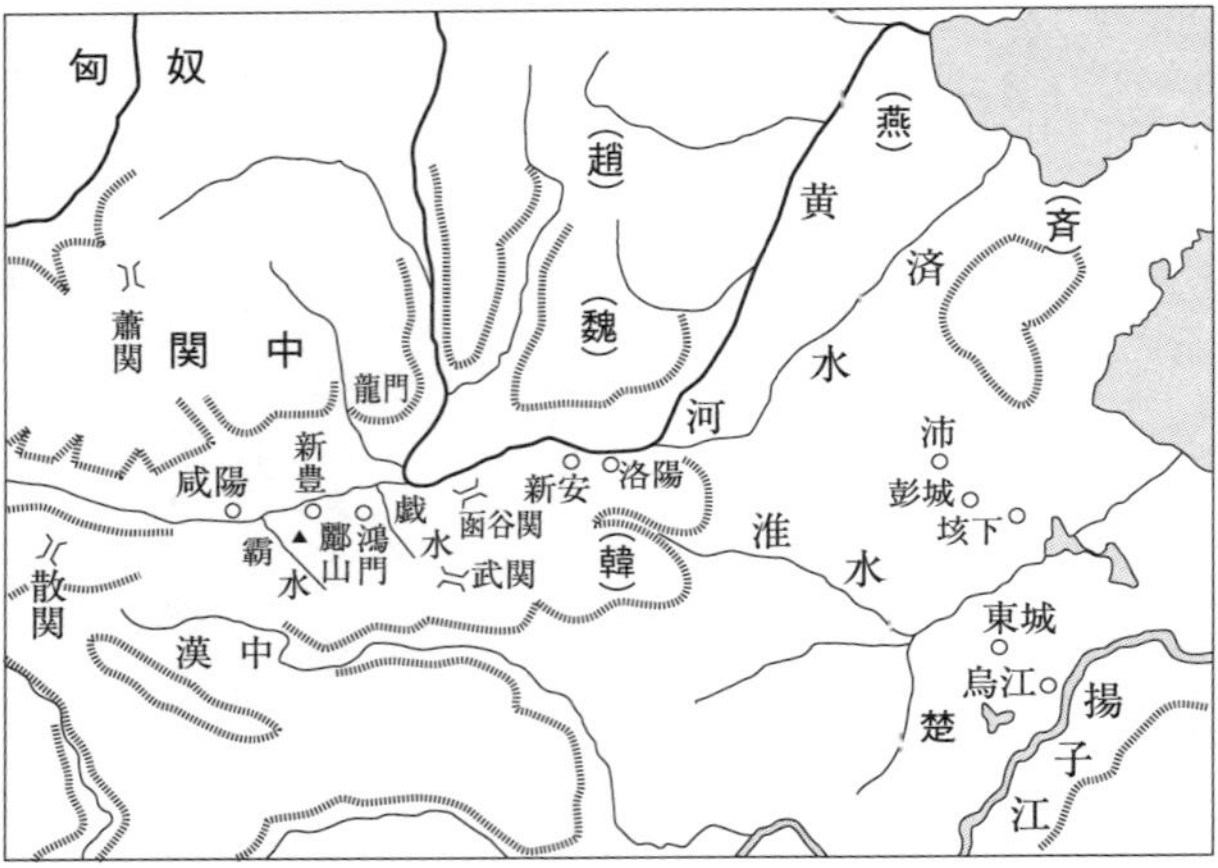

楚漢戦争図

らです。

人をやってその気を望ませたところ、みな龍虎《りゅうこ》や五彩《ごさい》をなしており、これは天子の気にほかなりません。急いで攻撃し、機を失ってはいけません。」

楚の左尹《さいん》の項伯《こうはく》は、項羽の叔父であったが、かねてから張良《ちょうりょう》と仲がよかった。張良はこのとき沛公につき従っていた。

項伯は夜、馬をとばして沛公の陣に赴き、ひそかに張良に会い、事情をこと細かに述べた。張良を自分といっしょに逃げさせるためである。

項伯「沛公といっしょに死んではいけない。」

張良「わたしは韓王《かんおう》の命によって沛公を送ってきたのです。いま沛公に危険が迫っているからといって、逃げ去るのは不義です。これは沛公にお報《しら》せしないわけにはまいりません。」
そこで張良は陣屋の中に入って、沛公に事情を報告した。沛公は大いに驚いていった。
「どうしたらよかろう。」
張良「函谷関を守って項羽を関中に入れないというのは誰の計略ですか。」
沛公「鯫生《そうせい》が『関所をふさいで諸侯たちを中に入れなければ、秦の地全土の王となることができるだろう』と説いたので、それに従ったのだ。」
張良「大王の士卒で項王と戦うことができるとお思いですか。」
沛公はうち黙った。
沛公「かなうはずがない。で、どうしたらよかろう。」
張良「これから行って、項伯に、沛公があえて項王にそむくことはないといってまいります。」
沛公「そなたは項伯とどういう関係か。」
張良「秦の時代に、つきあいがあったのです。項伯が人を殺した時、わたしが救ってやりました。いま危機が迫っているので、幸いにもわざわざやってきてわたしに報せてくれたのです。」

沛公「そなたと項伯と、どちらが年上か。」

張良「項伯の方が年上です。」

沛公「わしのために呼び入れてくれ。彼を兄として仕えさせてもらいたい。」

張良は表に出、項伯に沛公との会見を求めた。項伯はすぐに陣屋に入って沛公に会った。沛公は、杯を捧げ、項伯の長寿をことほぎ、婚姻の約束をしていった。

「わたしは関中に入ってから、ほんの少しのものも自分のものとせず、官吏と人民を戸籍に記し、秦の倉庫を封印して、将軍（項羽）の到着をお待ちしていたのです。将を派遣して函谷関を守らせたのは、盗賊の出入りと非常の場合に備えるためで、日夜将軍の到着を待ち望んでおりました。どうして刃向《はむ》かったりなどいたしましょう。項伯どのには、わたしが将軍の徳にそむいたりしていないことをお口添えいただけますまいか。」

項伯は承諾し、沛公にいった。

「明日にでも、すぐにみずからおいでになって、項王におわびをしていただかなければなりません。」

沛公「承知いたしました。」

するとと項伯はまた夜のうちに沛公の陣を去って、項羽の陣中に戻り、沛公の言葉を事細かく項王に告げ、こういった。

「沛公が先に関中を破らなかったとしたら、公は関中に入ることができたでしょうか。いま大功を立てた人を攻撃するのは、不義というものです。うまく処遇された方がよろしいかと存じます。」

項王は承諾した。

†鴻門の会

沛公は翌朝、百余騎を従えて項王に会いにやってきた。鴻門に着くと、謝罪していった。

「わたくしめは将軍と力を合わせて秦を攻め、将軍は黄河《こうが》の北で戦い、わたくしめは黄河の南で戦いました。それにしても、このわたくしが先に函谷関から関中に入って秦を破り、将軍とここで再びお目にかかれるものとは思いもいたしませんでした。いまつまらぬ輩《やから》がいらぬ告げ口をして、将軍とわたくしの間に間隙を生じさせようとしたのです。」

項王「それはあなたのところの左司馬曹無傷がいったのだ。そうでなければ、この項籍、どうしてそなたを疑ったりしよう。」

項王はすぐその日に沛公を引き留めて酒宴を張った。項王と項伯が東向きに座り、亜父《あほ》が南向きに座った。亜父とは范増《はんぞう》である。沛公は北向きに座り、張良が西向きに座って相伴した。

　范増は、何度も項王に目配せをし、身につけていた玉玦《ぎょくけつ》（環状で一部が欠けている玉。玦《けつ》は決《けつ》に通じる。沛公を殺す決断を意味する）を挙げて、合図をすること三度に及んだ。だが、項王は黙ったまま反応を示さなかった。

　范増は席をたち、外に出て項荘《こうそう》を呼び、いった。

「わが君は情け深いお人柄だ。おまえは中に入り、進み出て沛公の長寿をことほげ。ことほぎが終わったら、剣舞《けんぶ》の披露を申し出、剣舞にことよせて、沛公をその場で撃ち殺せ。そうしなかったら、いまにおまえたちもみんな沛公の虜《とりこ》にされてしまうぞ。」

　すると項荘は中に入って長寿をことほいだ。ことほぎが終わるといった。

「わが君は沛公と酒宴を張っておられますが、陣中のことで何の楽しみもありません。わたしが剣舞を披露させていただきましょう。」

項王「よろしい。」

　項荘は剣を抜いて立ち上がり、舞った。項伯も剣を抜いて立ち上がって舞い、ずっと身をもって沛公をかばったので、項荘は撃ち殺すことができなかった。

　張良は陣の門まで出てきて、樊噲《はんかい》に会った。

樊噲「きょうはどんな具合だろうか。」
張良「相当危ない。いま項荘が剣を抜いて舞ったが、つねに沛公を殺すべく気にかけていた。」
樊噲「それはたいへんだ。わたしは中に入って、沛公と生死をともにしよう。」
樊噲は剣を帯び、盾を持って軍門を入っていった。戟《げき》を持った衛兵が両側から引き留めて中へ入れさせまいとしたが、樊噲が盾を横にして突き倒すと、衛兵は地面に倒れ、中に入ることができた。
とばりを押し開いて西向きに立つと、目をいからせて項王をにらみつけた。髪の毛は逆立ち、まなじりは裂けんばかりであった。項王は刀のつかに手をかけ、ひざ立ちになっていった。
「おまえは何者だ。」
張良「沛公の車の同乗者で樊噲というものです。」
項王「壮士よ、杯をとらせる。」
そこで大杯の酒を与えた。樊噲は一礼して立ち上がり、立ったまま飲み干した。
項王「豚の肩肉をとらせる。」
そこで豚の肩肉を与えた。樊噲は盾を地面に伏せ、その上に肩肉を置き、剣を抜いてそれを切り、むしゃむしゃ食べた。

項王「壮士よ、まだ飲めるか。」

樊噲「わたくしは死をも避けようとは思いません。大杯の酒などどうして辞退いたしましょう（臣《しん》は死《し》すら且《か》つ避《さ》けず。卮《し》酒《しゆ》安《いずく》んぞ辞《じ》するに足《た》らん）。そもそも秦王は虎や狼のような心を持ち、数えきれないほど人を殺し、まるで足りないことを恐れでもするかのように人を罰しました。それで天下はみな反旗をひるがえしたのです。

　懐王は諸侯たちにこう約束されました。『最初に秦を破って咸陽に入ったものを漢中の王とする』と。いま、沛公は最初に秦を破って咸陽に入り、ほんの少しのものも自分のものとせず、宮室を封鎖してから、軍を覇上に戻らせ、大王が来られるのをお待ちしたのです。将を派遣して函谷関を守らせたのは、盗賊の出入りと非常の場合に備えるため。

　これだけ苦労し、功績を挙げたのに、まだ侯《こう》に封《ほう》ずるとの恩賞もありません。それなのに、つまらぬ輩の話を真に受け、功績ある人を誅殺《ちゆうさつ》なさろうとする。これでは亡《ほろ》んだ秦の後継者というだけのこと。ひそかに大王のために残念に思うのです。」

　項王はそれに対して返事をせず、いった。

「座れ。」

樊噲は張良のわきにひかえて座った。

しばらくして、沛公は立ち上がって手洗いに行こうとし、樊噲を招いて外に出た。沛公が外に出てから、項王は、都尉《とい》（一郡の軍事をつかさどる軍官）陳平《ちんぺい》に沛公を呼びにゆかせた。

沛公「いま退出する時、別れの挨拶《あいさつ》をしてこなかった。どうしたらよかろう。」

樊噲「『大きな行動のためには、小さなことを気にしなくてもよい。大きな礼を行うためには、小さな謙譲などどうでもよい（**大行《たいこう》は細謹《さいきん》を顧みず、大礼《たいれい》は小譲《しょうじょう》を辞《じ》せず**）』といいます。いま、相手は刀と俎《まないた》、われわれは魚肉です。どうして挨拶する必要などありましょう。」

そしてそのまま立ち去ったが、張良に残って謝罪させることにした。張良がたずねた。

「大王は、おみやげに何を持ってこられましたか。」

沛公「項王に献じようと一対の白璧《はくへき》（環状の白玉）を、亜父（范増）のために一対の玉斗《ぎょくと》（玉製のひしゃく）を持ってきたが、彼らがみな怒っているので、あえて献上しなかった。わしのかわりに献上してきてくれ。」

張良「謹《つつし》んでお引き受けいたしましょう。」

このとき、項王の陣は鴻門の下にあり、沛公の陣は覇上にあり、その距離は四十里（十六キロメートルほど）だった。

沛公は、車騎を置いたまま、ひとりだけ馬に乗り、樊噲、夏侯嬰《かこうえい》、靳彊《きんきょう》、紀信《きしん》の四人が、剣と盾を持ち、徒歩で従い、酈山《りざん》のふもとから、芷陽《しよう》を経て裏道づたいに行くことにした。沛公が張良にいった。

「わしの陣までこの裏道を通って行けば、わずか二十里（八キロメートルほど）だ。わしが陣に着いた頃合い《ころあい》をみはからって、そなたは入ってゆけ。」

沛公が立ち去り、裏道づたいに陣に着いた頃、張良は中に入って、あやまっていった。

「沛公は酔っぱらってしまい、お別れの挨拶ができなくなってしまいました。そこでわたくしに命じて、一対の白璧を大王さまに、一対の玉斗を大将軍さまに献上せよとのことでございます。」

項王「沛公はいまどこにおられるのか。」

張良「大王さまがおとがめになるつもりと聞き、ひとり抜け出して、いまはもう陣に戻られました。」

項王は璧を受け取ると、それを席の上に置いた。亜父は玉斗を受け取ると、それを地面に置き、剣を抜いてたたき割っていった。

「ああ、この坊主とではともに天下の計をはかることはできぬ。項王の天下を奪うのは、絶対に沛公だ。われわれはそのうち沛公の虜になるだろう。」

沛公は陣に着くと、ただちに曹無傷を誅殺した。

『史記』の中でも有数の名場面、「鴻門《こうもん》の会」の一段である。

高祖劉邦の軍は十万、それに対して項羽の軍は四十万。とても勝ち目はない。そこで劉邦は、ひたすら頭を下げに、項羽の陣に赴くことにする。

項羽が激怒したのは、先に秦の都咸陽を攻め落とした劉邦が、漢中の入り口である函谷関を守って、項羽の軍を入れようとしなかったからである。

そのことを劉邦が項伯に説明する時には、「盗賊の出入りと非常の場合に備えるためで、日夜将軍の到着を待ち望んで」いた、という説明になっていたし、鴻門における樊噲の言葉にも、同じ説明があった。

だが、張良の問いに対して、劉邦は、この函谷関封鎖が、鯫生《そうせい》の進言によるものであるといった。函谷関を封鎖したのは、あきらかに劉邦の策だったのである。裏をかえせば、懐王の約束があったとはいえ、漢中を独り占めしようとする気持ちがあったということである。司馬遷は、きちんと劉邦側の裏も書き記している。

鴻門の会は、劉邦にとって大きな危機であった。その危機から、張良や樊噲らの活躍によって逃れることができた。そう考えると、これは「高祖本紀」中の物語であってもおかしくない。

しかし、鴻門の会について、「高祖本紀」ではごく簡単に触れているにすぎない。司馬遷が、この一段を「項羽本紀」に置いたのは、項羽がこのとき決断して、かごの鳥である劉邦を殺しておけば、天下はまずまちがいなく項羽のものになったことを重視したからであろう。釣り落とした魚の大きさである。

鴻門の会は、助かった劉邦以上に、項羽の運命にとって、大きな事件だったのである。秦を滅ぼした後の論功行賞において、劉邦は、いちおう漢王《かんおう》となる。だが、漢中とはいっても、その西の一部が与えられたにすぎなかった。いずれ劉邦と項羽の衝突は必至である。両陣営は一進一退の攻防を繰り返し、劉邦もまた何度か命の危機を経験する。だが、劉邦は次第に項羽を追いつめてゆく。

---

†「わたしを滅ぼすのは天である」

漢《かん》の五年、漢王（劉邦）は、項王を追って陽夏《ようか》の南に来たところで軍を止めた。そこで淮陰侯韓信《わいいんこうかんしん》、建成侯彭越《けんせいこうほうえつ》とともに日にちを決めて楚の軍を攻撃しようとした。固陵《こりょう》まで来たが、韓信、彭越の軍はやってこなかった。楚が漢の軍を攻撃して、大敗させた。漢王はふたたび塁壁《るいへき》にたてこもり、深い塹壕《ざんごう》を掘って守りをかためた。張良にいった。

「諸侯たちが盟約に従おうとしないが、どうしたらよかろう。」

張良「楚の軍がいまにも敗れようとしているのに、韓信、彭越は、まだ領地を与えられておりません。やってこないのも、当然です。わが君がともに天下を分けることがおできになれば、すぐにやってまいりましょう。おできにならないとしたら、事態はどう動くかわかりません。

わが君が、陳《ちん》より東、海に至るまでの土地をすべて韓信にお与えになり、睢陽《すいよう》より北、穀城《こくじょう》に至るまでを彭越にお与えになり、それぞれに戦わせるならば、楚は簡単に打ち破れましょう。」

漢王「よかろう。」

そこで使者を出して韓信、彭越に告げた。

「力を合わせて、楚を攻撃しよう。陳より東、海に至るまでの土地をすべて斉王《せいおう》（韓信）に与え、睢陽より北、穀城に至るまでを彭相国《ほうしょうこく》（彭越）に与える。」

使者が着くと、韓信も彭越もともにこう報じてきた。

「ただちに兵をお進めください。」

韓信は斉から進んだ。劉賈《りゅうか》の軍が寿春《じゅしゅん》から並行して、城父《じょうほ》を屠《ほふ》り、垓下《がいか》に至った。楚の大司馬周殷《しゅういん》も楚に反旗をひるがえし、舒《じょ》の兵を率いて六つの県を屠り、九江《きゅうこう》の兵をこぞって、劉賈、彭越に従い、みな垓下に集まった。

項王の軍は垓下で塁壁を築いていたが、兵は少なく、食糧も尽きようとしていた。漢軍と諸侯の兵がこれを幾重にも包囲した。

夜、漢軍の四面からみなが楚の歌を歌っているのが（四面楚歌《しめんそか》）聞こえた。項王は大いにおどろいていった。

「漢はもう完全に楚を手に入れてしまったのか。どうして楚の人がこんなにたくさんいるのだろう。」

項王は、夜起きあがると、帳《とばり》の中で酒盛りをした。虞《ぐ》という名の美人がおり、つねに寵愛され、そばにつき従っていた。騅《すい》という駿馬《しゅんめ》があり、つねにこれに乗っていた。そこで項王は、悲歌慷慨《ひかこうがい》して、みずから詩を作った。

力《ちから》　山を抜き　気　世を蓋《おお》う
時　利あらず　騅逝《すいゆ》かず
騅逝かず　奈何《いかん》すべき
虞《ぐ》や虞や　若《なんじ》を奈何せん

数回繰り返して歌い、虞美人がこれに唱和した。項王は数行の涙をこぼし、左右のものたちもみな涙をこぼし、仰ぎ見ることができなかった。

かくして、項王は馬にまたがり、麾下《きか》の壮士で馬に乗って従うもの八百人あまり、ただちに夜のうちに囲みを破って南に出、駆け去った。

翌朝になってようやく漢軍が気づき、騎将灌嬰《かんえい》に五千騎でこれを追跡させた。項王が淮《わい》水《すい》を渡った時には、配下の騎馬はわずか百余人になっていた。

項王は陰陵《いんりょう》で道に迷い、ある農夫にたずねたところ、農夫はいつわって「左に行け」といった。左に行くと、大きな沼沢地《しょうたくち》にはまりこんでしまった。それで漢軍は追いつくことができた。

項王はそこでまた兵を率いて東に行き、東城《とうじょう》に至った。この時には二十八騎になっていた。漢の追跡の騎兵は数千人である。項王は、これはもう逃れられないと思い、騎兵たちにいった。

「わたしが兵を挙げてからいままで八年になる。みずから七十余の戦いに臨み、当たるものは撃破し、撃つものは服従して、いまだ一度も負けたことがなく、ついに天下の覇者となった。だが、いまやとうとうこんなところで苦しんでいるのは、天がわたしを滅ぼすからであって、わたしの戦《いくさ》が下手だったせいではない（**此《こ》れ天の我を亡《ほろ》ぼすなり、戦の罪に**

非《あら》ざるなり)。

今日はもとより死を決している。願わくは諸君らとともに快戦し、きっと三度漢軍に勝ち、諸君のために囲みを破り、敵の将を斬り、敵の軍旗をなぎ倒して、諸君に天がわたしを滅ぼすのであって、わたしが戦下手であるせいではないことを知ってもらいたい。」

そこで騎兵を四隊に分け、四方に向かわせた。漢軍は幾重にも包囲していた。項王は騎兵たちにいった。

「おれがおまえたちのために敵の一将を取ってみせよう。」

四方から騎馬で馳せ下り、山の東側の三箇所で集結するよう申し合わせた。そして項王が大声をあげて馳せ下ると、漢軍はみな草がなびくようにひるみ、かくして漢の一将を斬った。

このとき、赤泉侯《せきせんこう》(楊喜《ようき》)は騎将として項王を追ったが、項王が目をいからして叱咤《しった》すると、赤泉侯は人馬ともに驚き、数里も引き下がったのであった。

そして三箇所で集結した。漢軍は項王がどこにいるのかわからず、軍を三つに分けて包囲した。項王は馬を走らせ、また漢の将校一人を斬り、数十人を殺した。また集合してみると、失ったのは二騎だけであった。そこで騎兵たちにいった。

「どうだ。」

騎兵たちはみな平伏していった。

「大王のおっしゃった通りです。」

項王はそこで東のかた烏江《うこう》から長江を渡ろうとした。烏江の宿場の長官が、船の準備をして待っており、項王にいった。

「江東《こうとう》は小さいとはいっても、千里四方、人口も数十万人、また王となるのに十分です。大王さま、どうか急いでお渡りください。いま船を持っているのは、わたしだけです。漢軍がやってきても、渡ることはできません。」

項王は笑っていった。

「天がわたしを滅ぼそうというのに、渡ってどうしようというのだ。それにわたしが江東の子弟八千人と長江を渡って西に行ったのに、いま一人も帰るものがない。たとえ江東の父兄たちが憐れんでわたしを王にしてくれたとしても、わたしに何の面目があって彼らに会えよう。彼らが何もいわなかったとしても、わたしがどうして心に恥しく思わないはずがあろう。」

そこで長官にいった。

「わたしは、そなたがすぐれた人物であることを知っている。わたしはこの馬に五年間乗ってきた。当たるところ敵なく、一日に千里も走ってくれた。こいつを殺すに忍びないので、そなたに授けよう。」

そこで騎兵たちにみな馬を下りて歩かせ、短い武器を持って接戦させた。項羽ひとりで殺した漢兵が数百人であった。項王も十余箇所の傷を負った。漢の騎司馬呂馬童《りょばどう》を顧みていった。

「おまえはおれの昔なじみではないか。」

馬童は、項王の顔をよく見ると、同僚の王翳《おうえい》に向かって指さしていった。

「これが項王だ。」

項王「漢ではわたしの首に千金と万戸の所領をかけていると聞く。おれはおまえに徳を施してやろう。」

いうとみずから首をはねて死んだ。王翳がその首を取り、その他の騎兵たちは項王の遺体を争ってごったがえし、数十人の死者が出た。

最後には、郎中騎の楊喜、騎司馬の呂馬童、郎中の呂勝《りょしょう》、楊武がそれぞれ一部分を手に入れた。五人で合わせてみたところ、みな項羽の遺体であった。それで、項王の領地を五つに分け、呂馬童を中水侯《ちゅうすいこう》に、王翳を杜衍侯《とえんこう》に、楊喜を赤泉侯に、楊武を呉防侯《ごぼうこう》に、呂勝を涅楊侯《でつようこう》に封じたのであった。

項羽の壮絶な最期である。

「項羽本紀」は、ここで終わるわけではない。まだ後がある。項羽の支配していた土地はみな漢に降伏したのだが、魯《ろ》だけは降伏しようとしなかった。そこで、項羽の首を持っていって魯に示したところ、魯の父兄たちも漢にくだった、という後日談である。

漢は項羽の首に千金と万戸の所領という賞金をかけ、多くのものが項羽の死体に殺到し、死者まで出たとあった。その項羽の首は、魯を漢の支配下に置くために役立ったのであった。

第三章

権力を支えるもの

——補弼の臣下たち

国の威信を守る——廉頗・藺相如

†強国を前にして

戦国時代、七つの国が天下統一をめぐってしのぎを削っていた。各国には、それぞれの国を支えた政治家、軍人たちがあった。例えば秦《しん》に呂不韋《りょふい》があったことはすでに見たし、蘇秦《そしん》や張儀《ちょうぎ》などのように、おのれの政策を各国に説いてまわる遊説家《ゆうぜいか》もあった。

戦国の乱世を最終的に統一したのは秦である。戦国の末期、西方の秦が次第に強大になってくる。この秦に対して、いかにしておのれの独立を守るかが、各国にとっての課題であった。

このような状況のなか、秦に対して趙《ちょう》の国の威信を守り抜いたのは、廉頗《れんぱ》と藺相如《りんしょうじょ》の力によるものであった。彼らの活躍を「廉頗藺相如列伝」に見よう。

†完璧な使者

廉頗は、趙の名将である。趙の恵文王《けいぶんおう》十六年、廉頗は趙の大将となって斉《せい》を伐《う》ち、大いにこれを打ち破って、陽晋《ようしん》を取ったので、上卿《じょうけい》に任じられた。その勇気によって諸侯たちの間に知られた。藺相如は趙の人であって、趙の宦官《かんがん》の長官繆賢《ぼくけん》の家来であった。

趙の恵文王の時、楚の和氏《かし》の璧《へき》（環状の平たい玉《ぎょく》）を手に入れた。秦の昭王《しょうおう》がそれを聞き、使者をつかわして趙王に手紙を送り、秦の十五の城《まち》と璧を交換したいといってきた。趙王は、大将軍廉頗やほかの大臣たちと相談した。

秦に璧を与えてもよいが、秦の城はおそらく手に入らず、ただだまし取られるだけのこと、だが璧を与えないとすると、秦の軍が攻めてくる恐れがある。

議論は決せず、秦への使者にすることができる人物をさがしたが、なかなか見つからなかった。宦官の長官の繆賢がいった。

「わたくしめの家来の藺相如なら使者にできましょう。」

王「どうしてそれがわかるのか。」

繆賢「わたしはかつて罪を犯し、ひそかに燕《えん》に亡命しようとしました。家来の相如がわたしを引き留めていいました。『殿はどのようにして燕王とお知り合いになられたのですか。』わたしは答えました。『かつてわたしは、大王さまが燕王と国境で会見するのにつき従っていた。燕王はひそかにわたしの手を握って、友人になりたい、といわれた。それで知り合いになったのだ』と。

　すると相如がわたしにいうには、『趙は強く燕は弱い。そしてあなたは趙王に寵愛されている。だから燕王はあなたと友人になりたいといったのです。いまあなたが趙から燕に亡命したら、燕は趙をこわがっておりますから、絶対にあなたを燕に置いておくことはしないでしょう。逆にあなたを縛って趙に送り返すでしょう。あなたは肌脱ぎになり、処刑台の斧《おの》の下にうつぶせで横たわって、王に許しを請われるのが一番です。そうすれば、許されるかもしれません。』

　わたしがその計のようにいたしましたところ、大王もわたしをお許しくださいました。わたしが思いますに、このものは勇士であり、智謀もあります。使者として適任ではないでしょうか。」

　そこで王は藺相如を呼び出し、たずねた。

「秦王は、十五の城とわしの璧を交換したいといっている。璧を与えるべきであろうか。」

相如「秦は強く趙は弱いので、お許しにならぬわけにはまいりますまい。」

趙王「わしの璧を取り上げて、城をよこさなかったら、どうする。」

相如「秦が城を差し出して璧を求めているのに、趙が許さないならば、その責任は趙にあります。ですが、趙が璧を与えて、秦が趙に城をよこさなかったら、責任は秦にあります。

この二つを比べてみますと、秦に責任を負わせるようにした方がよろしいでしょう。」

趙王「誰を使者にすればよいだろうか。」

相如「王様にお心当たりがないのであれば、わたくしめが璧を奉じて使いとしてまいりましょう。城が趙のものになれば、璧は秦に置いてまいりますが、城が手に入らない場合には、わたしは璧に傷一つつけぬまま趙に持って帰ってまいります。」

かくして趙王は藺相如をつかわし、璧を奉じて西のかた秦に向かわせたのであった。

秦王は章台《しょうだい》（宮殿の名）に座して相如を引見し、相如は璧を献上した。秦王は大いによろこび、女官や左右のものたちにつぎつぎに手にとって見させた。左右のものたちは、みな万歳をとなえた。

相如は秦王に城を与えるつもりがないと見て取ると、進み出ていった。

「璧にはきずがあります。それを王様にお教えしましょう。」

王が璧を手渡すと、相如は璧を持ったまま退き、柱の前に立つと、怒りで髪の毛が冠を衝き上げていた。相如は秦王にいった。

「大王は璧を手に入れたいとのことで、使者をつかわして趙王に手紙を送られました。趙王は群臣たちを呼び集めて相談し、みなが『秦は貪欲《どんよく》で、力を頼みにし、うそいつわりをいって璧を求めている。かわりの城は手に入れられないだろう』といい、秦に璧を与えないということになりました。

わたしは、『無位無官の者の交わりでさえ、あざむきあったりしないのに、ましてや大国の交わりにおいてはなおさらのこと。そのうえ、たった一つの璧のために強国秦に逆らうのは、まずい』と考えました。

そこで趙王は、五日間の斎戒《さいかい》までされて、わたしを使者として璧を奉じ、手紙を秦の宮廷に届けさせました。なぜかといえば、大国の威をおそれて敬意をこめたからです。

いま、わたしが秦にやってまいりますと、大王がわたしを引見する様子は、はなはだ人をばかにしておられる。璧を手に入れてからは、それを女官などに回覧させ、わたしを愚《ぐ》弄《ろう》なさった。

わたしは城を趙王にかわりとして差し出すつもりが大王にないと見ましたので、ふたたび璧を取り返したのです。大王がわたしに手出しをされるのならば、わたしの頭はこの璧といっしょに柱にぶつけて砕けるでしょう。」

相如は璧を持って柱をにらみ、柱にぶつけようとした。

秦王は璧がこわされることを恐れ、わびをいって、ぜひとももらい受けたいといった。そして役人に地図を持ってこさせ、指さしながら、ここから先の十五の城を趙に与えるといった。

相如は、秦王が趙に城を与えるというのはいつわりで、実は手に入れられないと思い、秦王にいった。

「和氏の璧は、天下がともに伝えてきた宝です。趙王は秦をおそれて、献上しないわけにいきませんでした。趙王は璧を送り届けるに際して、五日間も斎戒されました。いま大王も五日間斎戒され、宮廷で九賓《きゅうひん》の大礼を行われるのであれば、わたしも璧を献上いたしましょう。」

秦王は、むりやり奪うことはできぬと考え、かくして五日間斎戒することを認め、藺相如を広成伝《こうせいでん》という外交使節の宿舎に宿泊させた。

相如は、秦王が斎戒したとしても、約束にそむいて決して城をよこしはしないと思い、従者にそまつな着物を着せ、璧を懐にして、間道づたいに逃げさせ、璧を趙に送り届けた。

†機転と胆力と

秦王は五日間斎戒した後、宮廷で九賓の礼を執《と》り行い、趙の使者藺相如を引見した。相如はやってくると秦王にいった。

「秦は繆公《ぼくこう》以来の二十余君、一人として固く約束を守ったものはおりません。わたしは王にだまされて趙にそむくことになるのをおそれ、人に璧を持たせて、こっそり趙に帰らせました。秦は強く趙は弱いのです。大王が一人の使いを趙に送られれば、趙はすぐに璧を奉じてやってまいりましょう。

いま秦の国境で、先に十五の城を趙にお与えくだされば、趙はどうして璧を留めて大王のご機嫌をそこねるようなことをいたしましょう。わたくしが大王をあざむいた罪は死に値します。釜ゆでの刑にしてください。ただ、大王には群臣のみなさまとよくご相談いただきたく。」

秦王は群臣と顔を見合わせて驚き怒った。左右のものには、相如を引っ立ててゆこうとするものがあった。すると秦王はいった。

「いま相如を殺しても、結局璧を手に入れることはできない。それに秦と趙のよしみは絶たれてしまう。相如を厚遇して趙に帰した方がよい。趙王も一個の璧のために秦をあざむいたりしないだろう。」

ついに相如を宮廷で引見し、儀礼が終わると趙に帰した。

相如が帰ってくると、趙王は相如がすぐれていたから、諸侯に辱《はずかし》められなかったのだと考え、相如を上大夫《じょうたいふ》に任じた。秦も城を趙に与えなかったが、趙も結局璧を秦に与えなかったのである。

秦は強く、趙は弱い。その事実は趙王をはじめ、趙国のみなが理解している。しかし、弱小なりといえども一個の独立した国である以上、あくまで対等というのが外交の基本である。藺相如は、その機転と胆力によって趙国の威厳を守ったのである。

秦をめぐる藺相如の活躍はまだまだ続く。

その後、秦は趙を攻め、石城《せきじょう》をおとした。翌年、秦はまた趙を攻め、二万人を殺した。

秦王は、使者をつかわして趙王にこう告げた。

「よしみを結びたいので、西河《せいか》の南の澠池《べんち》で会したい。」

趙王は秦をおそれ、行きたくないといった。廉頗、藺相如は相談していった。

「王が行かれなければ、趙が弱く、卑怯であるのを示すことになります。」

趙王は行くことにし、相如がついていった。廉頗は国境まで送り、王と訣別《けつべつ》していった。

「王様、行かれませ。道のりを計算してみますと、会見の礼を済ませ、帰ってくるまで、わずか三十日のことです。三十日たって、お戻りにならなかった場合には、こちらで太子を王に立て、秦の望みを絶たせてくださいますよう。」

王はそれを許し、かくして秦王と澠池で会した。

秦王は酒宴がたけなわになった時、いった。

「趙王は音楽がお好きとうかがっておる。瑟《しつ》を弾いてはくださらぬか。」

趙王は瑟を弾いた。すると秦の御史《ぎょし》が進み出て、こう記録した。

「某年某月某日、秦王は趙王と会って酒を飲み、趙王に瑟を演奏させた。」

すると藺相如が進み出ていった。

「趙王は、秦王が秦の歌が上手とうかがっています。盆缻《ぼんぷ》（素焼きのかめ。打楽器にもした）を秦王に捧げ、いっしょに楽しんでいただきとう存じます。」

秦王は怒り、許さなかった。すると相如は進み出て盆缻を捧げ、ひざまずいて秦王に歌うよう請うた。秦王は盆缻をたたこうとはしなかった。すると相如がいった。

「大王とわたしとの間は、わずかに五歩です。わたしの首の血を大王に注いでさし上げましょうか。」

左右の者たちは相如を刃にかけようとした。相如が目を怒らせて叱りつけると、左右の者たちは引き下がった。

秦王はしぶしぶ、一度だけ盆缻をたたいた。相如は振り返って趙の御史を呼んで、こう記録させた。

「某年某月某日、秦王は趙王のために盆缻をたたいた。」

秦の群臣たちがいった。

「趙の十五の城を差し出して、秦王の長寿の祝いとしてもらいたい。」

藺相如もいった。

「秦の都咸陽《かんよう》を差し出して、趙王の長寿の祝いとしてもらいたい。」

かくして秦王は、酒宴が終わるまで、趙の優位に立つことができなかったのである。趙も兵力を増強して秦に備えたので、秦は手出しすることができなかった。


ここでも藺相如はその機転によって、趙の立場を守った。外交には相手の威に屈しないだけの胆力と知力が必要である。

最後の最後には、趙は秦によって滅ぼされてしまう。それにしても、趙の命脈を延ばさせた藺相如の功績は大としなければならない。

「廉頗藺相如列伝」、ここまでは藺相如の活躍ばかりである。ではなぜ廉頗藺相如なのか。その理由が以下に示される。

†刎頸の交わり

澠池での会が終わって帰国すると、藺相如の功績が大きかったことによって、上卿に任じ、廉頗より上の位になった。廉頗はいった。

「わしは趙の将軍として、城を攻めおとしたり、野戦をしたりという大きな功績がある。それなのに、藺相如はただ口先だけの働きによって、わしより上の位にいる。それに、相如はもともと低い身分だった。わしは恥ずかしくて、やつの下にいることなどがまんがならん。」

そしてこう宣言した。

「相如にあったら、きっと辱めてやる。」

相如はそれを聞くと、あえて顔を合わせないようにした。相如は朝廷の集まりがあるたびに、きまって病気と称し、廉頗と列を争うことを望まなかった。

その後、相如が外出し、遠くから廉頗を見かけると、車をしりぞけて身を隠した。すると、相如の家来がいさめていった。

「わたくしが親戚のもとを離れ去ってあなたにお仕えしているのは、あなたのすぐれた徳義を慕ったからです。いまあなたは廉頗と同列にあるのに、廉君がよからぬことをいい、あなたはそれをびくびくおそれ避けておられます。それは並の人間でも恥ずかしく思うことです。ましてや将軍宰相であればなおさらです。わたくしたちは不肖者です。いとまを頂戴いたします。」

藺相如は固く引き留めていった。

「そなたは廉将軍と秦王とどちらが上と思うか。」

「それは秦王です。」

「その秦王の威をも、このわたしは宮廷で叱りつけ、秦の群臣たちを辱めてやったのだ。いくら愚鈍だといっても、どうして廉将軍をこわがったりしよう。だが考えてみよ、あの強い秦が趙に武力を加えてこないのは、われわれ二人がいるからなのだ。いま二匹の虎が闘えば、いきおいどちらかは死ぬ（**両虎《りようこ》共に闘《たたか》わば、其《そ》の勢《いきお》い倶《とも》には生きず**）。わたしがじっとがまんしているのは、国家の急を優先し、個人的な復讐《ふくしゆう》を後にしようとしているからなのだ（**国家の急《きゆう》を先にして私讐《ししゆう》を後《あと》にす**）。」

廉頗はそれを聞くと、肌脱ぎになっていばらの笞《むち》を負い、賓客《ひんきやく》にとりついでもらって藺相如の門に行き、謝罪していった。

「下賤なわたくしには、将軍がこれほどひろい心をお持ちだったのがわからなかったのです。」

かくして二人は仲良しになり、刎頸《ふんけい》の交わりを結んだのであった。

——国家の急を第一に考えたがために、個人的な辱めなど後回しにする。その藺相如のがまん、そしてそれを知ってからの廉頗の行動。いずれも鏡とするに足るものであろう。

秦は結局この二人のいる間には、趙に手出しができなかった。刎頸の交わりとは、相手のために首を斬られてもかまわないほどの友情。この言葉の出典がここにある。

廉頗と藺相如、いわば武の士と文の士。彼らは王となることを目指しているわけではない。王を補佐することによって、報償を得、おのれの地位を高めてゆく、今風の言葉でいえば、自己実現をはかる。士とはこのようなものである。

帝王のもとにあって、中国の歴史を動かし、社会を実質的に支えてきたのは、このような士だったのである。

高祖劉邦の知恵袋——張良

†書物による飛躍

『史記』における最大の成功者は、原理的にいうならば、高祖《こうそ》劉邦《りゅうほう》である。だが、その劉邦が天下を取る過程には、多くの補佐者があったことはいうまでもない。すでに「項《こう》羽《う》本紀」においてみたように、鴻門《こうもん》の会にあっても、樊噲《はんかい》や張良《ちょうりょう》の働きがなかったとしたら、劉邦が虎口《ここう》を脱することができたかどうかわからない。

『史記』は、基本的には本紀と列伝からなるのだが、そのほかにも世家《せいか》がある。世家は、本来「楚《そ》世家」などのように諸侯の代々の歴史である。だが、それ以外に、例えば「孔《こう》子《し》世家」がある。孔子は帝王になったこともない。その存在の重要さによって、世家に伝が置かれたのである。本紀、世家、列伝は、『史記』にあって、価値の序列を示しているのである。

秦に最初に反旗をひるがえした陳勝《ちんしょう》（陳渉）も世家である。数多くあった高祖劉邦の補佐者たちも、あるものは世家、あるものは列伝、とそこにランクのちがいがある。

漢代で世家に列せられるのは、蕭何《しょうか》（「蕭相国世家《しょうしょうこく》」）、曹参《そうさん》（「曹相国世家」）、張良（「留侯世家《りゅうこう》」）、陳平《ちんぺい》（「陳丞相世家《じょうしょう》」）、周勃《しゅうぼつ》（「絳侯周勃世家《こうこう》」）などである。彼らが世家に列せられたのは、その功績ゆえに大名諸侯に列せられたからでもある。

世家の最初の蕭何については、すでに「高祖本紀」で見たように、劉邦が小役人をしていた時代からの、長いつきあいであり、いわば譜代の家臣である。

では、張良は、いかにして世家に伝が置かれるような人物になったのであろうか。

「留侯世家」を見よう。

留侯張良は、その先祖は韓《かん》の人であった。祖父の開地《かいち》は、韓の昭侯《しょうこう》、宣恵王《せんけいおう》、襄哀王《じょうあいおう》に宰相として仕えた。父の平《へい》は、釐王《りおう》、悼恵王《とうけいおう》に宰相として仕えた。悼恵王の二十三年に、平が亡くなった。亡くなって二十年たって、秦《しん》が韓を滅ぼした。張良は年が若かったから、まだ韓に仕官していなかった。

韓が滅んだ時、良の家には下僕が三百人もあったが、弟が亡くなった埋葬もせず、家財のありったけを尽くして、秦王を倒す刺客を求め、韓のために仇《かたき》を討とうとした。祖父、父など五代にわたって韓の宰相だったからである。

張良はかつて淮陽《わいよう》で礼を学んだ。東に行って倉海君《そうかいくん》に会い、大力の士を得、重さ百二十斤（約三十キログラム）の鉄槌《てつつい》を作った。秦の始皇帝《しこうてい》が東に行幸した時、良はこの大力の士とともに秦の皇帝を博浪沙《はくろうさ》で狙い撃ちしたが、鉄槌はあやまっておつきの車にあたった。秦の始皇帝は大いに怒り、全国に犯人を捜索させ、きわめてきびしく犯人を求めた。それは張良のせいであった。張良はそこで姓名を変えて、下邳《かひ》に隠れた。張良があるとき下邳の橋のあたりをぶらぶら歩いていると、一人のそまつな着物を着た老人に会った。老人は張良の前までやってくると、履き物を橋の下に落とし、良の方を見ていった。

「おい、若いの、下りて履き物を取ってこい。」

張良は怒ってなぐりつけようとしたが、相手が年寄りであることを考え、ぐっとこらえて、下りて履き物を取ってきた。

老人「わしにその履き物をはかせろ。」

張良は、もうすでに履き物を取りにいってやったことだしと思い、ひざまずいて履き物をはかせてやった。老人は足でそれを受けると、笑いながら立ち去った。

張良はあっけにとられ、その姿を目で追っていると、老人は一里（約四百メートル）ばかり行ったところで引き返してきて、こういった。

「若いの、おまえに教えてやることがある。五日後の朝、わしに会いにここに来い。」

張良はわけがわからなかったが、ひざまずいて、「承知しました。」といった。

五日後の朝、良が行ってみると、老人は先に来ており、怒っていった。

「老人と約束して、遅れてくるとは何事だ。」

老人は立ち去り際にいった。

「五日後の朝に会おう。」

五日後、にわとりが鳴いたので、良は出かけていった。老人はまた先に来ており、怒っていった。

「遅れてくるとは何事だ。」

去り際にいった。

「五日後の朝早くに来い。」

五日たって、張良は、真夜中のうちに出かけた。しばらくすると、老人もやってきて、喜んでいった。

「これでよいのじゃ。」

老人は一編の書物を取り出していった。

「これを読めば、王者の師となれる。十年後に興隆し、十三年後におまえは済北《せいほく》でわしにあうじゃろう。穀城山《こくじょうさん》の麓《ふもと》の黄石《こうせき》とはわしのことじゃ。」

そういうと、ほかには何もいわずに立ち去っていき、再び姿をあらわさなかった。朝になって、その書物を見ると、『太公兵法《たいこうへいほう》』であった。張良は不思議に思って、つねに誦読《しょうどく》した。

張良は下邳で暮らし、任侠の仲間に入った。項伯《こうはく》が人を殺した時には、張良のもとでかくまってやった。

張良は、韓の国の宰相の家柄の出身であった。若い時に韓は秦に滅ぼされてしまったのだが、張良にとっては、秦に対する仇討ちが生涯のテーマになったのである。

張良は大力の士を得て、秦の始皇帝暗殺をくわだてる。先に項羽が、秦始皇の行列を見て、「あいつに取って代わってやろう」といっただけで、「一族皆殺しの目にあうぞ」といわれたほどである。その始皇帝暗殺を、失敗に終わったとはいえ、実行したのだから、なかなかの大胆さである。

ところが、その同じ人物が、みすぼらしい老人に履き物を取ってこい、といわれれば取ってきてはかせてやる。五日後の朝、といわれれば、しまいには真夜中に出かけてゆくほどのがまん強さ、素直さをもっている。黄石と名乗る老人の試験に、張良は合格し、『太公兵法』なる書物を手に入れて読むことができた。

前に見た蘇秦《そしん》の場合も、『周書陰符《しゅうしょいんぷ》』なる書物を見つけ出して読んだのが、人生飛躍へのいとぐちになっていた。真理は書物に書かれている。その書物を授けられたものが、大きな仕事をするという思想がここにはある。

日本の能の演目の一つに「張良《ちょうりょう》」があるが、それは、この老人と履き物の一段を演劇化したものである。

ここに、項伯が人を殺した時、張良がかくまってやったとある。鴻門の会の直前、劉邦方の危機を察して、陣中に赴き、張良に早く逃げろといったのは、項伯であった。項伯は、この時の借りを、返そうと思ったわけである。

†先を見通したアドバイス

それから十年後、陳渉らが挙兵すると、張良も百余名の若者を集めた。景駒《けいく》がみずから立って楚の仮王《かおう》と称し、留《りゅう》にいた。良は景駒に従うべく出発したが、途中で沛公《はいこう》（劉邦）と出会った。沛公は数千人を率い、下邳の西を攻略しようとしているところで、そのまま沛公の部下になった。沛公は張良を厩将《きゅうしょう》（厩をつかさどる将官）に任命した。

張良はしばしば『太公兵法』にもとづいて沛公に意見を申し述べ、沛公はそれをよしとして、つねにその策を用いたのであった。張良はそれまでにもほかの人に説いたことがあったのだが、誰も耳をかさなかった。

「沛公はほとんど天授の才の持ち主といってよい。」

張良はそういって、そのまま景駒のところへは行かずに、沛公に従ったのであった。

沛公は薛《せつ》に行って、項梁《こうりよう》に会った。項梁は楚の懐王《かいおう》を立てていた。張良が項梁に意見を具申した。

「あなたはすでに楚の後裔《こうえい》をお立てになりました。韓の公子たちのうち横陽君《おうようくん》の成《せい》は賢人です。これを立てて王とすれば、ますます味方を増やせましょう。」

項梁は張良をつかわして韓の成を探し出させ、それを立てて韓王とした。良を韓の申徒《しんと》(大臣)に任じ、韓王とともに千余名を率いて、西のかた韓の地を攻略させ、数城を得たが、秦がまたそれを奪還した。張良は潁川《えいせん》のあたりに出没してゲリラ戦を行った。

沛公が洛陽から南に行って轘轅《かんえん》に出ると、張良は兵を率いて沛公に従い、韓の十余城を降し、陽熊《ようゆう》(秦の将軍)の軍を撃破した。沛公は韓王成に陽翟《ようてき》を守らせ、良とともに南に向かい、宛《えん》を攻め落とし、西に行って武関《ぶかん》に入った。

沛公は、二万人の兵で嶢関《ぎようかん》にいる秦軍を攻撃しようとした。良がいった。

「秦の軍はまだ弱くはありませんから、甘く見てはなりません。聞くところでは、その将軍は肉屋の子だとのこと、商人ならば利によって簡単に動かせます。沛公はしばらく陣地に留まっていただき、人を先に行かせて、五万人分の食べ物を用意し、山の上にたくさんの旗幟をかかげて、兵があるように見せかけた上で、酈食其《れきいき》に貴重な宝物をもたせて秦の将軍を買収させるようにしてください。」

秦の将軍は張良のいったとおり秦にそむき、連合していっしょに西に向かい、秦の都の咸陽《かんよう》を攻めようといった。沛公が、それに賛同しようとすると、良がいった。

「これはただ将軍が秦にそむこうといっているだけのことで、おそらく兵卒たちはそれに従わないでしょう。兵卒たちが従わなければ、かならずや危険におちいります。将軍と兵卒の意思がばらばらになっているいまの時をとらえて攻撃するにこしたことはありません。」

そこで沛公は軍を率いて秦の軍を攻撃し、大いに打ち破った。藍田《らんでん》まで敵を追ってきて、再び戦い、秦の軍はついに敗れた。そのままの勢いで咸陽に至り、秦王子嬰《しえい》は沛公の軍門に下ったのであった。

秦の宮殿に入ってみると、宮室、帷帳《いちょう》（幔幕）、犬馬、重宝、婦女は千をもって数えるほどであったので、沛公は宮殿内に駐留しようといった。樊噲《はんかい》が、外に宿舎を設けるよういさめたが、沛公は聞こうとしなかった。そこで張良がいった。

「そもそも秦が非道の政治を行ったがために、沛公はここに至ることができたのです。天下のために残賊を除くには、白い喪服を着て、秦に殺された人々を弔《とむら》うべきなのです。いま秦に入ったばかりで、ただちに楽しみに安んずるのは、『桀《けつ》を助けて暴虐をなす』というものです、『忠言は耳に逆らうが行いに利あり、良薬は口に苦いが病にはよい』と申します。

どうか沛公におかれましては、樊噲の言葉に従ってくださいますよう。」

かくして沛公は軍を覇上《はじょう》まで退却させた。

この後、先に見た鴻門の会の場面になる。鴻門の会の場面で、酒好き、女好きだった沛公が、秦の都の咸陽を攻め落とした時には、何も取らなかった、といううわさは、項羽方にまで伝わっていた。その真相がここで語られる。

沛公は、実は秦の宮殿にあった財宝や女たちに目がくらみ、宮殿に居座ろうとしていたのであった。それをやめさせたのが、樊噲であり、張良だったのである。

あちらこちらに散らばっていてつかまえにくいといえばその通りなのだが、『史記』の面白さの一つは、同じ事件を、さまざまな方向から描き出している点にある。逆にいえば、高祖劉邦という人物を理解しようと思った場合、「高祖本紀」だけを見ていたのではたりないのである。

†天下取り後の功績

かくして、張良は、高祖劉邦の漢《かん》王朝建国に、きわめて重要な役割を果たした。その論功行賞にあたって、張良には戦における功績がなかったのだが、劉邦は、「はかりごとを帷幄《いあく》（陣幕）の中でめぐらし、勝利を千里の彼方で決したのは、子房《しぼう》（張良）の功績である（**籌策《ちゆうさく》を帷帳《いちよう》の中に運《めぐ》らし、勝《かち》を千里の外《そと》に決するは、子房の功なり**）」といって、留に領地を与えた。留侯と呼ばれるゆえんである。

この張良、漢の建国後にもう一つ大きな働きをする。それは高祖が、糟糠《そうこう》の妻である呂后《りよこう》の生んだ子を皇太子にしていたにもかかわらず、寵愛する戚《せき》夫人の生んだ子である趙王如意《によい》を皇太子につけようとした時のことである。

高祖は太子を廃して、戚夫人の子である趙王如意を太子に立てようとした。大臣たちはみないさめたが、死を決してまでいさめようとするものはいなかった。呂后はほんとうに太子がかえられてしまうのではないかと恐れたが、どうしたらよいかわからなかった。ある人が呂后にいった。

「留侯（張良）はうまく計略を立て、陛下も信用しておられます。」

そこで呂后は建成侯《けんせいこう》の呂沢《りよたく》に張良をおどさせた。

呂沢「あなたはつねに陛下の謀臣でおられます。いま陛下が太子をかえようとしておられるというのに、どうして枕を高くして寝ていられるのですか。」

張良「かつて陛下は困急の際に、幸いにもわたしの策を用いてくださいました。いまや天下は安定し、愛情によって太子をかえようとされるのです。骨肉の間のことは、われわれが百人いたとしてもどうすることもできません。」

呂沢はそこを強要していった。

「どうか計略をおさずけください。」

張良「これは口でいってどうなるものではありません。思うに、陛下には招くことができないものが、天下に四人あります。四人とも老人で、みな陛下が傲慢《ごうまん》で人をあなどると思い、山中に隠れ、義として漢の臣下になろうとしません。ですが、陛下はこの四人を高潔な人として尊敬しておられます。

いま、あなたが金玉璧帛《へきはく》を惜しまず、太子に手紙を書いてもらい、辞を低くして、車を準備し、弁の立つ士を使いとして招くならば、彼らはやってくるでしょう。やってきたら、賓客《ひんきゃく》として待遇し、しばしば彼らを従えて入朝し、それを陛下に見せてください。そうすれば、陛下はきっと不思議に思ってたずねるでしょう。おたずねになれば、陛下はこの四人が賢者であることがおわかりになり、陛下を説得する一助となりましょう。」

呂后はそこで、呂沢に命じ、人をつかわして太子の手紙を奉じ、辞を低く、礼を厚くして、この四人を迎えさせた。四人はやってきて、建成侯の賓客となった。

漢の十一年、黥布《げいふ》がそむいた。高祖は病気であったので、太子を将軍として出撃させようとした。四人のものがいった。

「われわれが出てきたのは、太子を存続させるためだ。太子が将軍として兵を率いることになれば、事態は危うくなるだろう。」

そこで建成侯に説いた。

「太子が兵を率いて、功績があったとしても、太子の位が上がるわけではありません。もし功績なく帰還したとしたら、それによってわざわいを受けるでしょう。

そのうえ、太子がいっしょに行かれる諸将たちは、いずれもかつて陛下とともに天下を定めた勇将たちです。いま太子に彼らを率いさせるのは、羊に狼を率いさせるのと同じことで、誰も太子のために力を尽くそうとはしないでしょう。そうすれば功績などないことは必定です。

『愛される母の子は抱かれる』といわれます。いま戚夫人は日夜陛下のおそばに侍り、趙王如意はつねに抱かれて御前にあります。陛下は『不肖の息子をかわいい子の上に置かせはしない』といっておられ、太子の位をかえようとしておられることは明らかです。

あなたは大至急呂后に頼んで、陛下のお暇に泣いてこう訴えてもらってください。『黥布は天下の猛将で、戦《いくさ》上手です。いま諸将はみな陛下の古なじみです。太子にこの連中を率いさせるのは、羊に狼を率いさせるのと同じこと。働こうとはしないでしょう。黥布がそれを聞けば、太鼓をたたいて西に向かって攻めてくるにきまっています。陛下がたとえご病気であっても、無理をして戦車にお乗りになり、横になって指図されるならば、諸将たちは力を尽くさないことはないでしょう。陛下にはお苦しいでしょうが、妻子のためにがんばっていただきとうございます』と。」

呂沢はすぐその晩に呂后に会った。呂后は高祖の暇をとらえて、涙を流しながら、高祖にこの四人の意見をいった。

高祖「わしもあの小僧では、つかわしても役に立たんと思っておった。わしが出て行くしかあるまい。」

かくして高祖はみずから兵を率いて東に向かった。留守をまもる群臣たちは、みな灞上まで送っていった。張良は病気であったが、無理をおして立ち上がり、曲郵《きょくゆう》までやってきて、陛下に目通りしていった。

「わたくしも従ってまいるべきところですが、病がひどいのです。楚の人は勇猛で機敏ですから、陛下には楚の人と矛先を交えられませんよう。」

そして、ついでに高祖に説いていった。

「太子を将軍として、関中の兵を監督させてください。」

高祖「そなたは病気ではあるが、横になってでも何とか太子の守り役になってくれ。」

このとき、叔孫通《しゅくそんとう》が太傅《たいふ》（守り役の長官）であったので、張良は少傅《しょうふ》の事務を行ったのであった。

漢の十二年、高祖は黥布を打ち破って帰還したが、病気はどんどんひどくなり、ますます太子をかえたいと言い張るようになった。張良はいさめたが、高祖は耳をかさず、病気にかこつけて政務を見ようともしなかった。太傅の叔孫通が古今の例を挙げ、死を賭《と》していさめたところ、高祖はこれを許したような顔をしたが、それでもまだかえたいと思っていた。

酒宴があり、太子が高祖のおそばに侍った時、四人の者が太子に従っていた。年はいずれも八十あまり、眉もひげも真っ白で、衣冠をつけて堂々としていた。高祖は不思議に思い、彼らは誰かとたずねた。四人の者は、進み出て、それぞれの姓名を述べた。東園公《とうえんこう》、甪《ろく》里《り》先生、綺《き》里《り》季《き》、夏《か》黄公《こうこう》と名乗った。すると高祖は驚いていった。

「わしはそなたらを何年にもわたってさがし求めた。しかし、そなたらはわしを避けて隠れた。いまどうしてわしの息子につき従っておるのか。」

四人は口をそろえていった。

「陛下は士を軽んじて、よく罵られます。わたくしたちは義として辱《はずかし》めを受けるわけにはゆかず、おそれて逃げ隠れたのです。

太子は、思いやりがあり、つつしみ深いお人柄で、士を愛され、みなが太子のためには首を延べて死にたいといっていると聞いたので、わたしたちは出てきた次第です。」

高祖「ならば、そのものたちに最後まで太子をまもってもらいたい。」

四人の者は、高祖の長寿を祝福すると、立ち去った。高祖はそれを目で追いながら、戚夫人を呼んで、四人の者を指さしていった。

「わしは太子をかえたいと思うのだが、あの四人が補佐をしている。もう羽や翼ができあがってしまったので、どうすることもできない（**羽**《う》**翼**《よく》**已**《すで》**に成**《な》**れり、動かし難**《がた》**し**）。呂后をそなたの主人と思え。」

戚夫人が涙を流すと、高祖はいった。

「わしのために楚の舞をまってくれ。わしはそなたのために楚の歌をうたおう。」それは次のような歌であった。

鴻鵠《こうこく》が高く飛べば
一挙に千里を行く
羽翼ができあがれば
四海を飛び回る
四海を飛び回ったら
どうすることもできない
たとえいぐるみ（鳥をとらえる道具）があっても
それがどうして役に立とう

繰り返して歌うこと数回。戚夫人はすすり泣き、涙を流した。高祖は立ち去って、酒宴は終わった。ついに太子をかえることがなかったのは、張良がこの四人の老人を招いたことによるのである。

一　時に高祖も年老いて、病気がちであったというが、張良もまた病気がちであった。張良は最後には、自分はこの世において栄達を極めたといい、世をすてて、仙人赤松子《せきしょうし》に従って遊びたい、との願いを持ち、穀類《こくるい》断ちをし、導引《どういん》の術(呼吸法)を学んで、身を軽くして仙人になろうとしたと書かれている。

それはまた、黥布や韓信《かんしん》ら、かつての開国の功臣たちが、つぎつぎと粛清されていった状況を察しての、韜晦《とうかい》でもあったろう。これもまた、高祖劉邦の知恵袋としての面目躍如といったところである。

高祖の没後、太子であった孝文帝《こうぶんてい》が即位するが、政治の実権をにぎったのは呂后であった。『史記』が「高祖本紀」の次に「呂太后本紀」を置いたのは、そのためである。

呂后が、趙王如意と戚夫人に対し、酸鼻《さんび》をきわめる報復を行ったことは、「外戚《がいせき》世家」に詳しく記されている。

美形も才能のうち――陳平

†原点は美男子

高祖劉邦《こうそりゅうほう》の天下取りを支えた功臣の一人が陳平《ちんぺい》である。陳平もまた張良《ちょうりょう》とともに劉邦の知恵袋であり、『史記』ではその伝は世家《せいか》である「陳丞相世家《ちんじょうしょうせいか》」にある。司馬遷は、「留侯《りゅうこう》世家」の末尾に付したコメントで、張良は女性にしたら美人の部類と称している。見た目は線の細い印象だったのだろう。そしてまた、陳平は、なかなかの美男子だったようである。後には漢《かん》帝国の宰相にまで至る陳平はいかにして立身したのか。「陳丞相世家」を見よう。

陳丞相平《へい》は、陽武《ようぶ》の戸牖郷《こゆうきょう》の人である。若い頃、家が貧しかったが、読書を好んだ。三十畝《ぼ》（五十五アール）の田畑があり、兄の伯《はく》とともに暮らしていた。伯はつねに畑を耕していたが、平には好き勝手に勉強させていた。平は背が高く美男子だった。ある人が陳平にいった。

「貧乏なのに、何を食べてこんなにがっちりしているのかね。」

兄嫁《あによめ》は、日頃から平が農作業をしないことを根に持っていたので、その人にいった。

「糠《ぬか》やくず米《ごめ》を食べているだけですよ。こんな弟だったら、いない方がましだわ。」

伯はそれを聞くと、妻を追い出した。

陳平が成長して、妻をめとる時期になったが、金持ちは娘を与えようとしなかったし、貧乏人の娘では平の方が恥かしがったので、なかなか結婚できなかった。

戸牖の金持ちに張負《ちょうふ》というものがあった。その孫娘は五人に嫁したが、夫がみなすぐに死んでしまい、誰もめとろうとするものがなかった。平はこれをめとりたいと思った。

村に葬式があると、平は貧しかったので、葬式の手伝いをし、人より先に来て、人より遅くまで働き、大いに手助けをした。張負はそれを葬儀場で見、陳平を立派だと思った。陳平もまた下心があったので、後まで居残っていた。負が平の後をつけてその家まで行ってみると、家は城外の貧民街にあって、ぼろむしろを扉にしていた。だが、門外には貴人の車の轍《わだち》がたくさんついていた。張負は家に帰ると、息子の仲《ちゅう》にいった。

「わしは孫娘を陳平に嫁がせようと思う。」

張仲「平は貧しいのに仕事もせず、県じゅうの人がそのすることなすことを笑っているじゃありませんか。よりによってどうして娘をやろうというのですか。」

張負「陳平くらい見栄えがよければ、いつまでも貧賤でいるはずはあるまい。」

ついに孫娘を嫁がせた。平が貧乏だったので、お金を貸し与えて結納をさせ、酒肉などの婚礼費用も与えて結婚させた。張負はその孫娘をいましめていった。

「貧しいからといって、夫にはつつしんで仕えなければいけない。兄の伯に対しては父に仕えるように、兄嫁には母に仕えるようにしなさい。」

陳平は張氏の娘をめとってからというもの、金回りはどんどんよくなり、つきあいも広くなっていった。

村のお祭りで、平が宰《さい》（祭肉を切る役）をつとめると、祭肉を公平に切り分けた。父老たちはいった。

「陳の若いのは、宰としてなかなかよろしい。」

陳平「ああ、わたしが天下の宰相になったら、天下もこの肉のようにみごとにさばくのに（天下《てんか》に宰《さい》たるを得《え》しめば、亦《ま》た是《こ》の肉の如《ごと》くならん）。」

——一見したところ、うだつが上がらないように見える人物の能力を見抜いて娘を嫁入らせる。これは先に見た高祖劉邦における呂公《りょこう》も同じであった。

金持ちが後ろ盾についたがために、つきあいも広がり、それが立身出世のいとぐちになったわけであるから、陳平の場合、張負が見込んだことが、人生の出発点だったといえるだろう。張負が見込んだのは、その美男子としての見栄えであった。

ただ、五人に嫁して、夫がみなすぐに死んでしまったというのは、この上なく不吉でもあるわけだから、張負は、この娘を貧乏な陳平に押しつけたという側面もなくはないのだが。

村の祭りの肉切り係が宰である。それを見事につとめたことが、将来の宰相へとつながってゆく。

陳渉《ちんしょう》が挙兵して陳《ちん》の王となり、周市《しゅうし》に魏《ぎ》の地を攻略させ、魏咎《ぎきゅう》を立てて魏王とし、秦《しん》軍と臨済《りんせい》で戦った。陳平は兄の伯に別れを告げ、若者たちを従えて臨済に行き、魏王咎に仕えた。魏王は陳平を太僕《たいぼく》(馬をつかさどる官)に任じた。

陳平は魏王に進言をしたが、聞き入れられず、讒言《ざんげん》をするものがあったので、魏王のもとから逃げ去った。

しばらくして、項羽《こうう》が各地を攻略して黄河《こうが》のほとりまでやってくると、陳平は行って項羽に帰属し、つき従って秦を打ち破った。項羽は陳平に爵卿《しゃくけい》の称号を与えた。

項羽が東のかた彭城《ほうじょう》を根拠地にして楚《そ》王となると、漢王（劉邦）が漢中から戻って三秦の地を平定し、東に向かってきたので、殷王《いんおう》は楚にそむいた。項羽は陳平を信武君《しんぶくん》として、魏王咎の食客で楚にいたものたちを率いて出撃させ、殷王を攻めてこれを降して帰った。項王は、項悍《こうかん》をつかわして陳平を都尉《とい》（一郡の軍事をつかさどる軍官）に任じ、金二十鎰《いつ》を贈った。

それからほどなく、漢王は殷を攻め下した。項王は怒り、先に殷を平定した将軍たちに誅罰を加えようとした。陳平は誅殺されることを恐れ、金と都尉の印綬に封をして、使いの者をやって項王に返し、みずからは目立たない姿で剣を杖にしながら逃亡した。黄河を渡る時、船頭たちはひとりで旅をする美丈夫を見て、これは逃亡の将軍で、きっと金銀財宝を隠し持っているのではと思い、めくばせをして、陳平を殺そうとした。平は恐れ、着物を脱いで裸になって、船を曳《ひ》くのを手伝った。船頭たちは何も持っていないのを知って、殺すのをやめた。

陳平はそのまま修武《しゅうぶ》にやってきて漢に降り、魏無知《ぎむち》のつてによって、漢王（劉邦）に目通りを求めた。漢王は陳平を呼び入れた。このとき、万石君奮《ばんせきくんふん》（石奮）が漢王の近侍の官であって、陳平の名刺を受け、謁見させた。陳平たち七人の者がともに進み出、食事をたまわった。

漢王「下がって、宿舎に行け。」

陳平「わたくしは、用事があってまいったのです。今日のうちに申し上げないわけにはまいりません。」

漢王は陳平と語って気に入り、たずねた。

「そなたは楚では何の官についていたのか。」

陳平「都尉です。」

なんとその日のうちに陳平を都尉に任じ、車の同乗者とし、軍の監督をさせた。将軍たちが騒ぎ立てた。

「大王は、たまたま楚の逃亡兵を得て、まだどんな人物なのかもわからないのに、すぐに車に乗せ、しかも先輩であるわれわれ漢軍を監督させるとは。」

漢王はそれを聞くと、ますます陳平を厚遇し、ついにともに東のかた項王を攻めた。彭城まで来たところで、楚に敗れ、兵を引いて帰った。ちりぢりになった兵を集め、滎陽《けいよう》まで来ると、平を副将として、韓王信《かんおうしん》に所属させ、広武《こうぶ》に駐屯した。


――突然あらわれた楚の逃亡兵があった。本人は都尉だというが、それにしてもほんとかうそかわからないはずである。劉邦は、そんな陳平をただちに都尉に任じ、軍隊の監督をさせた。これも人を見る目というものであろう。

陳平は、こうして人に認められて人生の階段をのぼってゆく。しかし、当然、嫉妬し反対するものもあらわれる。

†見た目だけではなかった

絳侯《こうこう》（周勃《しゅうぼつ》）、灌嬰《かんえい》らは口をそろえて陳平を讒言した。

「平は美丈夫ではあるが、冠の玉飾りのようなもので、中身があるかどうかわかりません。聞くところでは、陳平は家にあった頃、兄嫁とできていたとのこと。魏に仕え、用いられなかったので、逃げて楚に行き、楚でも思うようにならなかったので、また逃げて漢に来ました。

いま大王はこれに高い官職を与え、軍を監督させています。聞くところでは、陳平は諸将たちから金を受け取っていて、金を多く出したものにはよい処遇をし、金の少ないものは悪く処遇しているとのことです。陳平は、ころころ変わる乱臣です。王にはこれをお察しください。」

漢王は陳平を疑い、魏無知を呼び出して責めた。無知はいった。

「わたしが申し上げたのは能力です。陛下がおたずねになっているのは、行いです。いま尾生《びせい》（約束を守って溺死した。「尾生の信」として知られる）や孝己《こうき》（殷の孝子）の行いがあったとしても、戦の勝ち負けには何の足しにもなりません。陛下に行いだけの人物を用いている余裕がありましょうや。

楚と漢がしのぎを削っているので、わたしは奇謀の士を推薦したのです。大事なのは国家を利するに足るかどうかです。兄嫁とできようが、金を受け取ろうが、疑うには足りません。」

漢王は陳平本人を呼び出して責めた。

「先生は魏に仕えて思うようにならなかったために、去って楚に仕えた。いままたわしに従っておるが、信用できる人間がこれほど気が多いものだろうか。」

陳平「わたしは魏王に仕えましたが、魏王はわたしのいうことを用いてくれませんでした。だから去って項王に仕えたのです。

項王は人を信ずることができません。お気に入りは項氏一族かその妻の兄弟ばかりで、いくらすぐれた能力があっても、用いてもらえないのです。だからわたしは楚を去ったのです。

漢王は人を用いてくれると聞き、それで大王に身を寄せたのです。わたしは丸裸でやってまいりましたので、金を受け取らなければ、どうすることもできなかったのです。

わたしの計略で用いることができるものがあれば、どうぞお使いください。用いられるものがないのならば、金はみなとってあります。封をして官にお納めし、辞職させていただきます。」

漢王は陳平にあやまり、護軍中尉《ごぐんちゅうい》に任じ、諸将たちみなを監督させた。それから諸将たちも何もいわなくなった。

大事なのは智謀の士としての能力であって、人格の高潔さなどではない、という。これが戦場における、あるいは政治におけるリアリズムなのかもしれない。

陳平は、楚の将軍たちを離反させ、楚を滅ぼすために働いた。その後、韓信《かんしん》がそむいた時にも、その平定に功績があった。さらに、高祖劉邦の没後、呂后《りょこう》の力を背景に勢いを強めようとしていた呂氏一族を滅ぼすことにも力があった。そして、宰相として漢の天下の安定に貢献したのである。

戦争の天才――韓信

†股くぐり

高祖《こうそ》劉邦《りゅうほう》のもとで活躍し、その天下取りを支えた多くの人物たちのうち、蕭何《しょうか》、張良《ちょうりょう》、韓信《かんしん》の三人を三傑《さんけつ》と称する。

『史記』では、蕭何、張良は格上の世家に列せられるのに対し、韓信一人だけが「淮陰《わいいん》侯《こう》列伝」である。韓信は末運つたなく、最後は漢に反旗をひるがえした結果滅ぼされてしまったからである。

韓信はどのような経歴の持ち主だったのだろうか。「淮陰侯列伝」を見よう。

淮陰侯韓信は淮陰の人である。まだ普通の庶民だった頃、貧乏な役立たずで、役人に推薦してもらえず、商売もできなかった。いつも人にたかって飲み食いしていたので、人からいやがられていた。

かつて、しばしば下郷《かきよう》の南昌《なんしよう》の宿場の長官のところに寄食し、数ヶ月もいた。長官の妻はこれをいやがり、朝早くご飯を炊いてベッドの中で食べた。ご飯時に信が行っても、食事の世話をしなかった。信もその意味をさとり、怒って、二度と行かなかった。

韓信が城下で釣りをしていると、おばさんたちが川で綿をさらしていた。おばさんの一人が腹をすかせた信を見て、ご飯を食べさせた。このようなことが十日間続いた。信はよろこんで、おばさんにいった。

「おばさんにはたんまりお礼をするよ。」

おばさんは怒っていった。

「大の男が自分で飯も食えないでいるから、坊やをあわれんで食べさせてやっただけのことさ。お礼なんかがほしいわけじゃない。」

淮陰の屠者の若者に信をばかにする者があってこういった。

「おまえは図体がでかく、刀なんかを差してはいるが、内心はただの臆病者さ。」

さらにみんなで信を辱《はずかし》めていった。

「おれを殺せるものなら、殺してみろ。できないならば、おれの股の下をくぐれ。」

韓信はそこで相手をじっと見、それから地面をはって男の股の下をくぐった。町中の人はみな信を臆病者だとあざ笑った。

かの「韓信の股くぐり」の一節である。

「おれを殺せないのなら、股の下をくぐれ」といわれ、韓信は「相手をじっと見」たとある。自分を愚弄する相手には腹が立つ。一時の勇にはやって、男を刺し殺すこともできただろう。

だが、そうすれば、チンピラたちに、よってたかって殺されるか、そうでなくても、人殺しとして追われる身になったであろう。それはあまりにばかばかしい。相手をじっと見た、という一言には万感の思いがこめられている。

後の話だが、楚《そ》王となった韓信は、この男を呼び出して、楚の中尉《ちゅうい》にとりたてた。「これは壮士だ。自分が辱めを受けた時、殺そうと思えば殺せないわけではなかった。だが、殺しても何の意味もない。だからがまんして、今日の日が迎えられたのだ。」このがまんが大事である。韓信がこの男をとりたててやったのは、自分にそのがまんを教えてくれたと感謝したからであろう。

†大将の器

項梁《こうりょう》が淮水《わいすい》を渡って北上するに及んで、韓信は剣を杖にして従い、その麾下《きか》にいたが、名は知られなかった。項梁が敗れると、項羽《こうう》に属した。項羽は信を郎中《ろうちゅう》（護衛の将）に任じた。しばしば項羽に献策したが、用いられなかった。

漢王《かんおう》が蜀《しょく》に入ると、信は逃亡して漢に帰属したが、名を知られることもなく、接待係の官になった。ところが法を犯して斬罪に処されることになった。仲間の十三人がみな斬られた後、韓信に順番が回ってきたところで、韓信が仰ぎ見ると、たまたま滕公《とうこう》（夏侯嬰《かこうえい》）と目があった。

韓信「漢王には天下を取る気がないのでしょうか。どうして壮士をお斬りになるのですか。」

滕公は、その言葉は非凡だと思い、容貌も立派だとして、許して斬らなかった。そして韓信と語って、大いに気に入り、漢王に言上した。漢王は、治粟都尉《ちぞくとい》（食料をつかさどる将官）に任じたが、まだそれほど非凡だと思っていたわけではなかった。

韓信はしばしば蕭何と語り、蕭何は韓信の非凡さを認めた。漢王が南鄭《なんてい》に赴こうとすると、途中で数十名もの諸将が逃亡した。韓信は、蕭何がすでに何度も自分のことを言上しているのに、漢王が重く用いようとしないことを考え、逃亡した。

蕭何は韓信が逃亡したと聞くや、報告もせず、みずから韓信を追いかけた。

「丞相《じょうしょう》の蕭何が逃亡しました」と言上するものがあって、漢王は大いに怒った。左右の手を失ったようなものだったからである。
一日二日して、蕭何がやってきて漢王に目通りした。漢王は、怒りかつよろこび、蕭何を罵っていった。
「おまえはどうして逃亡したのだ。」
蕭何「わたくしは逃亡などいたしません。逃亡者を追いかけていたのです。」
漢王「おまえが追いかけたのは誰だ。」
蕭何「韓信です。」
漢王「数十名もの将たちが逃亡したのに、そなたは追いかけもせず、韓信を追いかけたとは、うそをいえ。」
蕭何「諸将を手に入れるのは簡単です。ですが、韓信のような士は、国中に二人といません(**国士無双**《こくしむそう》)。王がただ漢中《かんちゅう》の王であろうとするなら、韓信がいなくても結構です。ですが、天下を争おうとされるのなら、韓信なしでは事をはかれません。王様がどちらに決められるかです。」
漢王「わしももちろん東に出て行きたいと思っている。こんなところでいつまでも鬱々《うつうつ》としていられるものか。」
蕭何「王様がどうしても東に出て行きたいとはかられるのであれば、韓信を用いることです。そうすれば、信はここに留まるでしょう。用いることができないならば、信は逃亡するでしょう。」

漢王「そなたの顔を立てて、韓信を将軍にしよう。」

蕭何「ただの将軍では、信は留まりません。」

漢王「それでは大将にしよう。」

蕭何「ありがとうございます。」

漢王は韓信を呼んで任命しようとした。蕭何がいった。

「王様は普段から傲慢《ごうまん》無礼でいらっしゃる。いま大将を任命するのに、まるで子供を呼びつけるかのようです。これだから韓信も逃亡しようとするのです。王様がどうしても任命したいと思われるならば、よい日を選び、斎戒沐浴《さいかいもくよく》され、高い壇《だん》を築き、礼を尽くさなければいけません。」

漢王はそうすることにした。諸将たちはみな、自分こそが大将になるのだと思って、よろこんだ。いざ大将を任命してみたら、それが韓信だったので、軍中のものはみな腰をぬかした。

一一人の名もない士に過ぎなかった韓信、まずは処刑される間際のところを、滕公(夏侯嬰）に助けられ、それを機会に蕭何と知り合い、認められる。逃亡を企てた韓信を、大臣であった蕭何がわざわざ追いかけて行ったことをきっかけに、韓信はいよいよ漢軍の大将に任じられることになった。

立身出世の一つの公式は、その人物の真価を見抜き、ほれこんで、援助したり、推挙したりする人物の存在である。

この時点では、漢王（劉邦）は、まだ心の底から韓信を信用したわけではなさそうであるが、この後、韓信が述べる天下取りの策を聞いて、大いによろこび、「韓信にめぐりあうのが遅かった」とまで思った。

韓信は、おとりを用いた奇策によって趙《ちょう》に勝利する。趙の軍師であった広武君《こうぶくん》をいけどりにするようにふれを出し、広武君がしばって連れてこられると、韓信はいましめを解き、相手に師に対する礼を取り、この後、燕《えん》と斉《せい》を伐《う》つ作戦を、広武君にたずねる。韓信は話に耳を傾け、その策を用いると、燕は難なく降伏した。敵の人間でも、使えるものは使うところに、かの股くぐりの韓信が生きているといえよう。

かくして韓信は、項羽を滅ぼし、漢王朝を創始するのに大きな功績を立てた。だが、高祖劉邦は、途中から大将に任命した韓信を、後々まで、心の底から信用していたわけではなかったようである。斉王から楚王となった韓信の勢いをそぐ機会を狙っていたの

――である。

†狡兎死して良狗烹らる

項王のもとから逃亡した将軍である鍾離眜《しょうりばつ》の家は伊廬《いろ》にあり、以前から韓信と親しかった。項王が死んだ後、韓信のもとに逃げていた。漢王は鍾離眜を怨《うら》んでおり、楚にいると聞きつけて、楚に鍾離眜を捕らえるよう詔を発した。

韓信は自分の領国に行ったばかりのことで、県や村を見て回るのに、兵を連ねて行っていた。

漢の六年、楚王の信がそむいたと上書するものがあった。高帝《こうてい》（劉邦）は陳平の計によって、天子が各地に巡幸するということにして、諸侯を集めようとした。南方に雲夢《うんぼう》がある。そこで、諸侯たちに使いを発して、雲夢に遊ぼうと思うので、陳《ちん》に集まるように告げた。実は韓信を攻撃するつもりだったのだが、信は気づかなかった。

高祖が楚にやってこようとした時、信は軍隊を出してそむこうとも思ったが、どう考えても自分に悪いところはない。だが、高祖に目通りしようとすると、捕えられてしまうおそれもあった。ある人が韓信にいった。

「鍾離眜を斬って、陛下にお目通りされれば、陛下はきっとお喜びになり、ご心配もなくなりましょう。」

韓信は、鍾離昧に会って相談した。鍾離昧はいった。

「漢が楚を攻め落とそうとしないのは、このわたしがそなたのもとにいるからだ。もし、わたしをつかまえて漢に媚《こ》びを売ろうというのなら、わたしは今日にでも死ぬ。だが、そなたも続けて滅ぼされることになるぞ。」

そして韓信を罵っていった。

「そなたは徳に欠けるお人だ。」

そういうと、すぐにみずから首をはねた。韓信はその首を持って、陳で高祖に謁見した。

高祖は武者に命じて韓信をしばらせ、車に押し込めた。韓信がいった。

「たしかに『すばしこい兎《うさぎ》が死ぬと、猟犬は煮殺される。空高く飛ぶ鳥が尽き果てると、弓はしまいこまれる。敵国が破れ去ると、謀臣も滅ぼされる**（狡兎《こうと》死して良狗《りょうく》烹《に》られ、高《こう》鳥《ちょう》尽きて良弓《りょうきゅう》蔵《おさ》められ、敵国破《やぶ》れて謀臣《ぼうしん》亡ぶ）**』というとおりだ。天下がすでに平定されたのだから、わたしが煮られるのも当然だ。」

高祖「そなたがそむいたという者があってな。」

そして韓信に枷《かせ》をかけた。洛陽まで来たところで、韓信の罪を赦《ゆる》し、淮陰侯とした。

韓信は、漢王が自分の才能をおそれ憎んでいることを知り、いつも病気と称して参内も随行もしなかった。信はこのとき以来、昼も夜も高祖を怨み、いつも鬱々とし、絳侯《こうこう》（周《しゅう》勃《ぼつ》）や灌嬰《かんえい》らと同列にあることを恥じていた。

韓信はかつて樊噲《はんかい》将軍の家に立ち寄ったところ、樊噲はひざまずいて送り迎えをし、みずから臣と称していった。

「大王にはよくぞまあ拙宅までお越しいただきました。」

韓信は、門を出ると、自嘲の笑いをうかべていった。

「生きて樊噲なんぞの仲間になるとは。」

高祖はあるとき韓信と、諸将たちの能力について、のどかに語ったことがある。高祖がたずねた。

「わしなどはどれだけの兵に将軍たる能力があるだろうか。」

韓信「陛下はせいぜい十万の兵に将たるにすぎません。」

高祖「そなたはどうだ。」

韓信「多ければ多いほどよろしゅうございます。」

高祖は笑っていった。

「多ければ多いほどよいというのに、どうしてわしのとりこになったのかな。」

韓信「陛下は兵に将たることはできませんが、よく将《しょう》に将たることがおできになります

（善《よ》く将に将たり）。だからこそ、わたしは陛下の虜になったのです。それに陛下の運命は天が授けられたもので、人力の及ぶところではありません。」

功成り名を遂げた君臣が、茶飲み話でもしているおもむきだが、この時の韓信は、淮陰侯とはいえ、高祖劉邦の籠の鳥なのである。

「すばしこい兔が死ぬと、猟犬は煮殺される（狡兎《こうと》死して良狗《りょうく》烹《に》らる）」という通り、韓信はこの後、陳豨《ちんき》の謀叛に荷担して、呂后《りょこう》によって殺されてしまう。一代の謀臣としては、あまりにあっけない最期であった。

第四章

権力の周辺にあるもの

――道化・名君・文学者

笑いの力――淳于髡

†正面突破だけが能ではない

帝王を中心とする権力のまわりには、さまざまな人々があった。官僚として、あるいは武人として立身出世をはかろうとするもの、帝王の権力に積極的に反抗し、取って代わろうとするものなど、さまざまである。

権力の周辺には、特にみずから高い地位を望むわけでもなく、さりげなく、しかも重要な働きをするものたちがあった。司馬遷は『史記』において、こうした人々の働きの記録を残している。その一つとして、「滑稽《こっけい》列伝」の淳于髡《じゅんうこん》を見よう。

淳于髡《じゅんうこん》は斉《せい》の入り婿である。身長は七尺（一六〇センチメートル）にも満たなかったが、滑稽で多弁であって、しばしば諸侯に使いして、屈辱を受けたことはなかった。

斉の威王《いおう》の時のこと、威王はなぞなぞが好きだった。一晩じゅう女をはべらせて楽しむのを好み、酒に溺《おぼ》れて政治をとらず、政治は卿大夫《けいたいふ》（大臣・長官）にまかせきりだった。役人たちも荒れすさんでやりたい放題、諸侯たちが侵略し、国の滅亡の危機が迫ったが、左右のものは誰もいさめようとしなかった。淳于髠は、なぞなぞによって威王を説得しようとしていった。

「国の中に大きな鳥がおります。王様の庭にとまっていて、三年飛びも鳴きもしません（**三年蜚《と》ばず又た鳴かず**）。王様はこの鳥が何だかおわかりでしょうか。」

威王「この鳥は飛ばなければそれまでだが、ひとたび飛べば天高く飛ぶ。鳴かなければそれまでだが、ひとたび鳴けば人を驚かせる。」

そういうと、威王は県令たち七十二人を朝廷に呼び集め、一人にほうびを与え、一人を処罰してから、奮い立って軍隊を進めた。諸侯たちは驚いて、みな侵略していた斉の土地を返したのであった。それから三十六年間、威令が行われた。これについては、「田敬仲《でんけいちゆう》完《かん》世家」に記した。

威王の八年、楚《そ》が大軍を発して斉に攻めてきた。斉王は淳于髠を使者として趙に行かせ、援軍を請おうとした。趙への贈り物として、金百斤、四頭だての馬車十台を準備した。すると、淳于髠は天を仰いで大笑いし、冠のひもも切れてしまった。

威王「先生は、贈り物が少ないといわれるのか。」

淳于髡「いえいえ。」

威王「笑うからにはいいたいことがあるのであろう。」

淳于髡「いまわたくしが東の方からこちらにやってまいります時、道ばたで、豊作を祈っているものを見ました。豚足《とんそく》一つ、酒一杯を捧げて、こう祈っておりました。『上のたんぼの収穫は、籠いっぱい。下のたんぼの収穫は、車いっぱい。五穀がよく実《みの》り、家にたくさん満ちあふれますように。』

わたくしは、ほんの少しのものによって、多くのものを望んでいるのがおかしかったのです。」

威王はかくして、贈り物を黄金千溢《いつ》、白璧《はくへき》十対、四頭だての馬車百台に増やした。淳于髡は、威王のもとを辞して趙《ちょう》に行った。趙王は精兵十万、兵車千台を貸し与えた。楚はそれを聞いて、夜のうちに兵を撤退させた。

遊び好きな王に、正面から遊びをやめてまじめに政治をとるようにといっても、おそらくは耳をかさなかったであろう。淳于髡は、王のなぞなぞ好きを利用して、なぞなぞにことよせて、王に奮起をうながしたのである。

また、王が援軍を求めるにあたって準備した贈り物が少ない、ということも、正面切ってはいいにくいことであろう。それを笑い話にことよせて王に気づかせる。これも笑いの力であろう。

†道化の役割

威王はたいへんよろこんで、後宮で宴会を開き、淳于髡を招いて酒を賜った。王がたずねた。

「先生はどのくらい飲んだら酔われますか。」

淳于髡「わたしは一斗《いっと》飲んでも酔いますし、一石《いっせき》（一石は十斗）飲んでも酔います。」

威王「先生が一斗飲んで酔われるのであれば、どうして一石お飲めになりますか。そのわけを聞かせてもらえますか。」

淳于髡「大王の御前でお酒をいただきます時には、裁判官がかたわらにおり、監察官が後ろにおりますから、わたくしはおそれ、平伏して飲みますので、一斗も飲まないうちにすぐ酔ってしまいます。

もし父親のもとにかたくるしい客が来ており、たもとをおさえ、身をかがめて酒席に相伴し、時にお流れをちょうだいし、長寿を祝してしばしば立ち上がるような時には、二斗も飲まないうちにすぐに酔ってしまいます。

久しく会っていなかった仲のよい友達と突然出会い、よろこんで昔話をし、私事を語りあっておりますと、五、六斗ほど飲めば酔うでしょう。

もし村の宴会で、男女がまじりあい、いつまでも酒をすすめあい、六博《りくはく》（すごろく）や投壺《とうこ》（矢を壺に投げ入れる遊び）をして遊び、互いに仲間となり、手を握っても罰せられず、いくらじろじろ見つめてもおとがめがなく、前には耳飾りが落ちており、後ろにはかんざしがのこっているとなれば、わたしはそれを楽しんで、八斗ばかり飲んでも二、三分の酔いでしょう。

日が暮れて酒宴もたけなわになり、酒樽のまわりで車座になって、男女が同じむしろの上に座り、履き物は入り乱れ、杯や食器がめちゃくちゃにころがり、堂上の灯りは消え、主人がわたしを留めてほかの客を送り出し、美人がうすぎぬの襦袢《じゅばん》をはだけ、ほのかな香りがただよってくる。このような時には、わたしは最もうれしくなって、一石でも飲むことができます。

だから、『酒が極まれば乱れ、楽しみが極まれば悲しむ』というのです。万事すべてこのようです。物事は極めてはいけない、極まれば衰えるものです。」

そういって王をいさめたのであった。斉王はいった。

「よろしい。」

かくして威王は長夜の酒宴をやめた。そして淳于髡を諸侯たちの接待係にし、王族の宴会では、淳于髡は常に王のおそばにあった。

この部分、お酒は飲めば飲むほどに楽しくなるといって、それとなく悦楽をすすめているようにも見えなくはないのであるが、淳于髡は、お酒は飲むほどにめちゃくちゃになってしまうもので、何事も極端なのはよくありません、といい、威王も、それはいけないな、と悟ったのであろう。

淳于髡は小男であって、宮廷にあった道化師のような存在である。王から重んじられ、国家の大事をまかされはしているが、しょせん大臣・将軍ではない。だが、道化師であったがゆえに、王に対して普通の人間にはいえないようなことでもいえた。それもまた一つの技藝ともいえる。

『史記』は、人間の全世界を描こうとしている。だから司馬遷は、こうした存在も見落としてはいないのである。

酒と女におぼれた名君――信陵君

†人材を抱え、名声で国を守る

戦国時代、「四君《しくん》」と呼ばれる人たちがいた。斉《せい》の孟嘗君《もうしょうくん》、趙《ちょう》の平原君《へいげんくん》、魏《ぎ》の信陵君《しんりょうくん》、楚《そ》の春申君《しゅんしんくん》である。彼らはいずれも王族であったが、王ではなかった。例えば、信陵君が魏王の弟であったという具合である。

しかしながら、彼らは、孟嘗君の食客《しょっかく》三千人で知られるように、多くの食客をかかえ、その名声は王を上回るほどであった。彼らは不思議な存在である。普通の士であれば、手柄を立て、権力に近づくことによって、立身出世をすることができる。しかし、彼らは、むしろ王族であったがために、王になることはできなかったともいえる。

彼らが多くの食客をかかえたことによって、諸国に名声があがり、他国は簡単にその国を侵略することができなくなった。つまり、国を守る結果をもたらした。

斉の孟嘗君の食客の中には、鶏の鳴き真似がうまい人、こそどろなどもおり、危機に陥った時、彼らの活躍によって事なきを得たともいう。もっとも、宋《そう》代の政治家・文人である王安石《おうあんせき》などは、逆にこんな連中を抱え込んでいたからこそ、天下を取ることができなかったのだ、と皮肉っているが。

ここでは、四君の一人、信陵君の活動を、「魏公子《ぎこうし》列伝」に見よう。

魏の公子無忌《むき》は、魏の昭王《しょうおう》の末子であり、魏の安釐王《あんりおう》の腹違いの弟であった。昭王が亡くなり、安釐王が即位すると、公子を封じて信陵君とした。

そのころ、魏から亡命した范雎《はんしょ》が秦の宰相になっており、魏と斉を怨《うら》んでいたことから、秦の軍が魏の都の大梁《たいりょう》を包囲し、華陽《かよう》にいた魏の軍を破り、将軍芒卯《ぼうぼう》を敗走させた。魏王と公子はそれを思い煩《わずら》っていた。

公子の人となりは仁愛に富み、士人に対してへりくだった。士に対しては賢であれ不肖であれ分けへだてなく謙虚に礼儀正しく交際し、自分が富貴であるからといって士に対しておごり高ぶることはなかった。そのため士人たちは、数千里四方から競って公子のもとに集まってきて、食客三千人に至った。諸侯たちは、公子が賢であり、食客が多かったので、十余年もの間、兵をさしむけ魏を攻略しようとはしなかった。

食客が多くいることが、当時の国力の重要な指標であったことがわかる。すぐれた士が多くいることは、それだけ智謀の士を養っていると思われたからであろう。いまでいえば、技術者、実働部隊をともなったシンクタンクのようなものであろうか。他国から見ると、王族に食客を三千人も養っているものがあることは、不気味な圧力になったのである。


公子が魏王とすごろくをしていると、北の国境からのろしが伝わってきた。

「趙が侵略しようとして、いまにも国境を越えそうです。」

魏王はすごろくをやめ、大臣たちを呼び集めて相談しようとした。公子は、王を制止していった。

「趙王は狩りをしているだけです。侵略しようというのではありません。」

魏王はびっくりしていった。

「公子にはどうしてそれがわかるのか。」

公子「わたくしの食客に趙王の秘密を深く知っているものがあります。趙王の動静は、その食客がすぐに報告してくるので、わたくしにはわかるのです。」

それからというもの、魏王は公子が賢明で能力があることをおそれ、公子を国政に参与させなかった。

信陵君の存在は、たしかに魏の力になった。しかし、同時に王にすれば、自分以外のものがあまりに能力と名声を持ちすぎることは危険である。王と信陵君との関係はきわめて緊張に富んだものであり、それは最後まで続いていく。

†敬意の表し方

魏に隠士の侯嬴《こうえい》というものがあった。年は七十、家は貧しく、大梁《だいりよう》の夷門《いもん》（東門）の門番をしていた。公子はその人のうわさを聞くと、賓客《ひんきやく》として来てもらおうとして、手厚く贈り物をした。侯嬴は受け取ろうとせず、いった。

「わたしは数十年の間、身を修め、行いを潔くしてまいりました。門番で生活が苦しいからといって、けっして公子の贈り物を受けようとは思いません。」

すると公子は酒宴を設けて大いに賓客たちを集めた。酒宴の座席が定まると、公子は車騎を従え、左側の座席を空けて、みずから夷門に侯生《こうせい》を迎えに行った。侯生は、ぼろぼろの衣冠を身につけたまま、すぐに車に乗り、挨拶《あいさつ》もなく公子の上座《かみざ》に腰掛けた。公子の出方を見ようとしたのである。公子は手綱《たづな》をとって、いよいようやうやしい様子である。侯生はまた公子にいった。

「わたしの友人が、市場《いちば》の肉屋におります。回り道をしてそちらに寄ってもらいたい。」

公子は車を市場に回らせた。侯生は車を下りて友人の朱亥《しゅがい》に会い、公子を横目で見て、長いこと立ち話をしながら、ひそかに公子の様子をうかがった。公子の顔色はますますおだやかである。

そのころ、魏の将軍や大臣、王族、賓客たちは会場に満ち、公子の乾杯の発声を待っていた。市場の人々はみな公子が手綱をとっているのを見、公子の従者たちはみなひそかに侯生を罵っていた。侯生は、公子の様子がまったく変わらないのを確かめると、友人に別れを告げて車に乗った。家に着くと、公子は侯生の手を引いて上座に座らせ、あまねく賓客たちに紹介したので、賓客たちはみなびっくりした。酒宴がたけなわになると、公子が立ち上がって、侯生の前に行って長寿をことほいだ。すると侯生は公子にいった。

「今日、わたしも公子のために十分な仕事をしました。わたしは夷門の門番ですが、公子はみずから車騎をつかわして、わたしを多くの人々が見ているところへ迎えに来られました。寄り道などしなくてもよかったのですが、いま公子はわざわざ寄り道をしてくれました。

わたしは公子の名声をあげようとして、わざと公子の車騎を市場のまん中で長いこととどめ、友人をたずねながら公子を観察しておりますと、公子はますますうやうやしい。市場の人々は、わたしが身分の低いものであるのに、公子は高い身分ながら士に対してへりくだることができる人だと思ったのです。」

やがて酒宴も終わり、侯生は公子の上客となったのである。

結果として、侯嬴も、信陵君の食客として迎えられることになったわけだが、ここでおもしろいのは、養われる立場の侯嬴が、その主人となるはずの人物の試験をしていることであろう。ここでもし、市場で長らく待たされた信陵君が怒り出したりでもしたら、侯嬴は、信陵君の食客になることもなかったであろう。

各国がしのぎを削る戦国の世にあって、主君の側がすぐれた家臣を得ることに必死であったさま、また当時の士の側に、それだけの自信と矜持《きょうじ》があったことを示している。かくして、信陵君の人物を評価した侯嬴は、主君のために尽力するのである。

†食客たちの報い方

侯生が公子にいった。

「わたくしが立ち寄った肉屋の朱亥は、賢者なのですが、世に知られてはおりません。それで隠れて肉屋をしているのです。」

公子は何度も足を運んで賓客として迎えたいといったが、朱亥はことさら答礼もしなかったので、公子は不思議に思った。

魏の安釐《あんき》王《おう》の二十年、秦《しん》の昭王《しょうおう》は趙の長平《ちょうへい》の軍を打ち破ってから軍を進め、趙の都邯鄲《かんたん》を包囲した。公子の姉は、趙の恵文王《けいぶんおう》の弟の平原君の夫人になっていたので、しばしば魏王と公子に手紙を送り、魏に救いを求めてきた。魏王は将軍晋鄙《しんぴ》に十万の兵を率いて趙の救援に行かせた。ところが秦王は使者をつかわして魏王にこう告げさせた。

「われわれは趙を攻撃し、まもなく趙は降伏するであろう。諸侯で趙を救援しようというものがあれば、趙を下してから、ただちに軍をそちらに向けて攻撃するであろう。」

魏王は恐れて、人をやって晋鄙を止めさせ、鄴《ぎょう》に塁壁《るいへき》を築いて駐留させた。名目は趙の救援であるが、実際には状況を見きわめようとしたのである。平原君からの使者はひっきりなしに魏にやってきて、魏公子をせめていった。

「わたしがすすんで公子と姻戚関係を結んだのは、公子がすぐれた徳義を抱き、困難におちいっている人を救ってくれると思ったからです。いま、邯鄲はすぐにも秦に下ろうとしているのに、魏からの救援がやってこないのでは、公子が困難におちいっている人を救っているとはいえません。

それにもし公子がわたしを軽く見、見捨てて秦に降伏させたとしても、公子の姉上をあわれに思われないのですか。」

公子は悩んだ末、しばしば魏王に説き、また賓客のうちで弁が立つものが王に八方手を尽くして説いたが、魏王は秦を恐れ、どうしても公子のいうことを聞き入れなかった。公子はどうしても王を説き伏せることはできないと思った。一方で自分が生きていながら趙を滅亡させることはできないとも考え、賓客たちに頼んで車騎百台ばかりを連ね、秦軍に赴き、趙と生死をともにしようとした。

出発して夷門を通る時、侯生に会って、これから秦軍と戦って死ぬのだといい、別れを告げて行こうとした。侯生がいった。

「公子には、しっかりやってきてくだされ。わたくしはついては参りませんが。」

数里ほど行ったが、公子はどうにも気持ちが晴れず、こう考えた。

「わたしの侯生への待遇には抜かりがなかったはず。そのことは天下のみなが知っている。いまわたしが死ににに行くといっているのに、侯生から一言半句の言葉もなかった。何か足りないことがあったのだろうか。」

そこでまた車をとって返し、侯生にたずねた。侯生は笑っていった。

「わたしは公子が戻ってこられると思っておりましたぞ。」

侯生「公子は士を好まれ、その名声は天下に聞こえています。このたび困難に際会され、他になすすべもなく、秦軍にあたろうとされる。それは飢えた虎に肉を投げ与えるようなもので、何の成果も期待できません。だったら食客を養っても何になりましょう。公子はわたくしを厚く遇してくださった。公子が出発されるのに、わたくしが見送りもしない。となれば公子は恨んで戻ってこられるであろうことはわかります。」

公子は再拝して策をたずねた。侯生は人払いをして告げた。

「わたくしの聞くところでは、晋鄙の兵符《へいふ》（命令書）はつねに王の寝室に置いてあり、如《じょ》姫《き》が王の寵愛《ちょうあい》最も厚く、王の寝室に出入りできるとのこと。如姫なら兵符を盗み出すことができるでしょう。

また聞くところによれば、如姫の父があるものに殺され、三年もの間、資金を出して仇《かたき》を討とうとし、王以下のものたちも仇を討ってやりたいと思ったものの、仇を討てなかった。如姫が公子に泣きついたところ、公子は食客をつかって仇の首を斬り、如姫に進上したのです。

如姫は公子のために死んでもよいと思っているほどですが、まだそのきっかけがないのです。公子がひとたび口を開いて如姫にお願いすれば、如姫はきっと承諾してくれるでしょう。そうすれば兵符を手に入れて晋鄙の軍を奪い、北のかた趙を救い、西の秦を退けることができます。これこそ五覇《ごは》（春秋時代の五人の覇者）の偉業です。」

公子はその計略に従い、如姫に頼んでみたところ、如姫は果たして晋鄙の兵符を盗み出してきて公子に与えたのであった。

公子が出発しようとすると、侯生がいった。

「将軍が外にある時には、国家に利があれば、主君の命令に従わない場合もあります。公子が兵符を合わせても、晋鄙が公子に兵権を渡さず、再び王に命令を請うたりすれば、事態は危険です。

わたくしの友人である肉屋の朱亥を連れていってください。彼は力持ちです。晋鄙が聞き入れればよいのですが、聞き入れなかった時には、朱亥に撃ち殺させてください。」

すると公子は泣き出した。

侯生「公子は死ぬのがこわくなったのですか。どうしてお泣きになるのでしょう。」

公子「晋鄙は剛毅《ごうき》な老将だ。わたしが行ってもおそらくは聞き入れず、きっと殺されてしまうだろう。それで泣いているのです。死ぬのがこわいわけではありません。」

そして公子は朱亥に頼んだ。朱亥は笑っていった。

「わたくしは市場で包丁をふりまわしている肉屋です。それなのに公子は何度もみずからおたずねくださいました。わたくしが答礼もしなかったのは、つまらない礼儀など必要ないと思ったからです。いま公子に危急のことがあるのであれば、それこそわたしが命をかけてはたらく時です。」

そういって、公子とともに行くことになった。公子は侯生のもとに立ち寄って礼を述べると、侯生がいった。

「わたくしもごいっしょすべきところですが、年老いて、それもかないません。公子の旅程を数えて、晋鄙の軍に到着されるであろう日に、北に向かってみずから首をはね、公子をお送りいたしましょう。」

公子はかくして出発した。鄴《ぎょう》に着くと、魏王の命令であるといつわって晋鄙に取って代わろうとした。晋鄙は兵符を合わせてみたが、なおも疑い、手を挙げ、公子をじっと見ていった。

「いまわたしは十万の兵を擁《よう》して、国境に駐屯しています。これは国家の重任なのに、いまたった一台の車に乗ってやってきて、取って代わろうとは、いったいどういうことでしょうか。」

公子のいうことを聞き入れようとする様子ではなかった。朱亥は、袖の中に隠し持っていた四十斤(約十キログラム)の鉄椎《てっつい》で、晋鄙をたたき殺した。かくして公子は晋鄙の軍を率いることになり、兵たちに命令を下した。

「父子ともに軍中にあるものは、父が帰還せよ。兄弟ともに軍中にあるものは、兄が帰還せよ。一人っ子で兄弟のないものは、帰還して親を養え。」

そうして八万の兵が残り、軍を進めて秦を攻撃した。秦軍は包囲を解いて去って行き、邯鄲を救い、趙を存続させたのである。趙王と平原君は、みずから国境まで公子を出迎え、平原君はえびらを負って公子を先導した。趙王は再拝していった。

「古来の賢人でも公子ほどのものはおりません。」

このとき、平原君も公子と自分を比肩《ひけん》させようとはしなかった。公子が侯生と別れ、軍に着いたその頃、侯生は果たして北に向かってみずから首はねていた。

魏王は、公子が兵符を盗み出し、いつわって晋鄙を殺したことを怒っており、公子もそれがわかっていた。秦を退け、趙を存続させてから、部将たちに命じて軍を率いて魏に帰らせ、公子みずからは食客たちと趙に留まった。

趙の孝成王《こうせいおう》は、公子がいつわって晋鄙の兵を奪って趙を存続させてくれたことを徳として、平原君とはかり、五つの城を公子に領地として与えようとした。公子はそれを聞くと、おごって、みずから功を認めるような様子を見せた。ある食客が公子にいった。

「物事には、忘れてはならないことと、忘れなければならないことがあります。人が公子に恩恵を施したことは、忘れてはなりません。公子が人に恩恵を施したことは、どうかお忘れくださいへ（物に忘るべからざる有り、或《あ》いは忘れざるべからざる有り。夫《そ》れ人《ひと》公子《こうし》に徳有《とくあ》れば、公子忘るべからざるなり。公子人《ひと》に徳有れば、願《ねが》わくは公子之《これ》を忘れよ）。それに、魏王の命令をいつわって晋鄙の兵を奪い、趙を救ったことは、趙から見れば功績ですが、魏から見れば忠臣ということにはなりません。公子がみずからおごって功を認めるといったことは、公子のためによしとしません。」

それを聞くと、公子はただちに自責の念にかられ、身の置き所もない様子であった。趙王は宮殿を掃除してみずから出迎え、主人に対する礼をとって、公子を西の階段から上らせようとした。公子は身をそばめて謙遜し、東の階段から上った。そしてみずからの罪を述べ、魏に背き、趙にも功績のないことを述べた。

趙王は、夕暮れまで酒の相手をしたが、五城を贈ることを言い出せなかった。公子があまりにへりくだっていたからである。公子は結局趙に留まった。趙王は、鄗《こう》を公子の湯沐《とうもく》の邑《ゆう》（御料地）とし、魏も信陵《しんりょう》を公子に贈った。

†異国の地で

公子が趙にいる間に、博徒に身を隠している毛公《もうこう》、飲み物売りに身を隠している薛公《せっこう》という二人の処士（無官の士）のうわさを聞き、二人に会いたいと思ったが、二人は身を隠して公子に会おうとしなかった。公子はその居場所を聞きつけると、お忍びで二人をたずねて交際し、たいへん楽しげであった。

平原君がそのことを聞くと、夫人にいった。

「はじめ、あなたの弟の公子は、天下無双の人物であると聞いたが、いまうわさを聞けば、博徒や飲み物売りとつきあっているとのこと、公子はいいかげんな人ではないか。」

夫人はそれを公子に告げた。すると公子は、夫人に別れを告げていった。

「以前わたしは平原君は賢者であると聞き、それで、魏王にそむいて趙を救い、平原君の意を満たそうと思ったのです。平原君の交際は、ただ豪傑ぶっているだけで、士を求めているのではないのですね。

わたしは大梁にいた時から、つねにこの二人が賢者であることを聞いており、趙に来てからは、会えないことを心配しておりました。わたしが彼らと交際しても、なお彼らがわたしを必要としていないのではと恐れるほどです。

それをいま、平原君は恥といわれる。そのような方とはおつきあいする必要はありません。」

そういうと、支度をして立ち去ろうとした。夫人は、これをつぶさに平原君に伝えた。平原君は、冠をぬいで謝罪し、固く公子を引き留めた。平原君の門下の士はそれを聞くと、半分が平原君のもとを去って公子に身を寄せた。天下の士もまたやってきて公子に身を寄せた。公子は平原君の食客たちを傾倒させたのであった。

公子は趙に十年も留まって帰らなかった。秦は公子が趙にいることを聞き、日夜出兵して東の魏を攻めた。魏王は憂慮して、使いをつかわして公子を呼び戻そうとした。公子は王が怒っていることを恐れ、門下に、あえて魏王のために取り次ぐものがあれば、死罪に処す、と命令を下した。賓客たちはいずれも魏にそむいて趙に行ったものたちだったので、公子に帰還を勧めるものはなかった。毛公と薛公の二人がでかけていって公子に会っていった。

「公子が趙で重んじられ、諸侯たちの間で名声があがっているのは、ひとえに魏があるからです。いま秦が魏を攻撃して、魏に危機が迫っているのに、公子は助けようとせず、もし秦が都の大梁を破り、先王の宗廟《そうびょう》を傷つけるようなことがありましたら、公子はいったい何の面目があって、天下に立つことができましょうや。」

まだ言い終わらないうちに、公子は顔色を変え、車の準備を命じ、魏を救うために帰国した。

「魏公子列伝」は、信陵君の徳を記しているのであるが、それはまた信陵君がいかにして有能な士を食客として用いていったかを示してもいる。先の侯嬴《こうえい》の場合も、傲慢な態度を取って信陵君を試し、試験にパスした後は、信陵君に策をさずけ、みずから首はねて主君に殉じていた。

趙の士である毛公と薛公も、ただ単に信陵君が謙虚だったという話ではなく、かくして用いた二人が、大事なところでいい働きをしているのである。

魏王は公子に会うと、ともに涙を流し、上将軍《じょうしょうぐん》の印綬《いんじゅ》を公子に与え、公子はかくて将軍となった。

魏の安釐王の三十年、公子は諸侯に使者を送って、将軍になったことを告げた。諸侯は公子が将軍になったと聞き、それぞれ将兵を派遣して魏を援助した。公子は五国の兵を率いて河外《かがい》で秦の軍を破り、秦の蒙驁《もうごう》を敗走させた。そのまま勝ちに乗じて秦軍を函谷関《かんこくかん》で押さえ込み、秦軍は函谷関から出られなかった。この当時、公子の威勢は天下にふるい、諸侯たちの食客で兵法を進めるものは、みな公子の名をつけた。だから世間では『魏公子兵法』と称するのである。

秦王は情勢を憂慮し、魏で金万斤をばらまき、晋鄙《しんぴ》のかつての門人をさがしもとめ、魏王に公子のことを中傷させた。

「公子は十年も外国にいたのに、いま魏の将軍となり、諸侯の将兵はみなその指揮下にある。諸侯たちはただ魏公子あるを知るばかりで、魏王を知らない。それに公子は、いまこの勢いで南面して王になろうとしている。諸侯たちも公子の威勢をおそれて、ともに公子を王に立てようとしているのだ。」

秦はしばしば使いをつかわして、「公子はもう魏王になられましたか」といつわりの祝賀をさせた。魏王は毎日のように悪口を聞かされたので、信じないわけにはいかなくなり、とうとう公子のかわりに他の人を将軍に立てた。

公子は、再び讒言《ざんげん》によって退けられたと知ると、病気だと称して朝廷の集まりに出席せず、賓客たちと長夜の宴を張り、酒を酌み、女性を近づけた。このように昼も夜も楽しみ酒を飲むこと四年、ついに酒のために病気になって亡くなった。この年、安釐王も亡くなったのであった。

秦は公子が死んだと聞くや、蒙驁に魏を攻撃させ、二十の城を落とし、はじめて東郡《とうぐん》を置いた。その後、秦は次第に魏を侵食し、十八年後には魏王を捕虜にして大梁を屠《ほふ》った。

――秦の使者が、晋鄙の門人にはたらきかけてした讒言が、魏王を動かすようになってからの信陵君は、酒と女に溺《おぼ》れ、韜晦《とうかい》して、王位を奪おうとする意思がないことを示した。このあたり、いささか尻すぼみの印象がないわけではないが、信陵君に王位を奪おうとする心がなかったことはたしかなのだろう。

信陵君の歴史的位置づけとしては、西から勢力を張ってくる秦の勢いを、少なくともその在世中にはくい止めた点にある。

†後世の評価

時は十七世紀、明《みん》から清《しん》への王朝交替の後、揚州にほど近い如皐《じょこう》という町に住んでいた文人冒襄《ぼうじょう》(一六一一～一六九三)は、清に仕えず、水絵園《すいかいえん》という庭園を造営し、そこに友人たちを招いて芝居を演ずることを楽しみとした。そうした行為について、やはり清への仕官を拒否した友人の余懐《よかい》が、次のようにいっている(余懐「冒巣民先生七十寿序」『同人集』巻二所収)。

巣民《そうみん》(冒襄)は平素から多く美人たちに囲まれ、女優や楽師たちを好んで蓄《たくわ》え、園林花鳥、法書名画などを一生懸命集めている。とりわけ賓客を好み、家に水絵庵、小三吾亭などをしつらえて、客がやってくると、決まって引き留めること数十日、酒を飲み、詩を賦《ふ》して、すっかり夢中になってようやく去らせるのであった。

だが、余懐にいわせれば、冒襄が美人を擁しているのは、色を好んだからではなく、女優や楽師たちを蓄えているのは、音楽に淫しているからではなく、賓客を引きとどめたのも、名声を天下に売ろうとしたからではないという。では、冒襄は、これらのことをいったい何のためにしたというのであろうか。

それはひとえにそこに寄託するところがあるからである。古の人は胸のうちに感憤《かんぷん》無聊《ぶりょう》不平の気がおこると、必ず一事一物に寄せて、そのもやもやをはらしたのである。信陵君が酒を飲み、婦人を近づけたのも、嵆叔夜《けいしゅくや》（康）における鍛冶、劉玄徳《りゅうげんとく》（備）における結託、劉伯倫《はくりん》（伶）における鋤《すき》担ぎ、米元章《べいげんしょう》（芾《ふつ》）における拝石などなど、いずれもそれなのである。巣民は意をこれらに寄せて詩歌を作り、それが篇帙《へんちつ》を重ねるようになった。もし天下後世の者が、その書を読み、その人を想い見るならば、信陵君や米元章のような人物であると思って何の悪いことがあろう。

ここでの信陵君は、心のうちにうつうつとした鬱憤《うっぷん》をいだきながら、それを酒でまぎらわせようとした人物として描かれている。『史記』に描かれた信陵君は、このような形で、後世まで語られているのである。

『史記』の「魏公子列伝」には後日談がある。

漢《かん》の高祖《こうそ》は、まだ身分が低かった頃、しばしば公子が賢であったことを聞いていた。天子の位についてから、大梁を通り過ぎるたびに、公子の祭りをされた。高祖の十二年、黥《げい》布《ふ》を撃って帰還した時、公子のために墓守をする五家を置き、代々四季ごとに公子の祭りをすることになった。

漢の高祖が、信陵君を高く評価していたという。『史記』に信陵君が取り上げられたのは、こうした背景があったからかもしれない。

『史記』の各章には、その末尾に、「太史公《たいしこう》曰く」として司馬遷自身による評論が付されている。ここで、信陵君について、司馬遷は次のように評価している。

太史公いわく。「わたしは大梁の廃墟をおとずれて、夷門《いもん》の場所をたずねてみた。夷門は、城の東門である。天下の公子たちにも、士を好むものはあった。しかし、信陵君が岩《がん》穴《けつ》に住む隠者をたずね、下々のものと交際することを恥じなかったのは、理由があったのである。その名声が諸侯に冠たるさまであったことも、実質があったのである。だから高祖もここを通りかかるたびに民に祭りをさせ絶えないようにしたのである。」

――また、『史記』全体の末尾にある、「太史公自序」でも、各篇の意図を述べている。信陵君については、

富貴の身分にありながら、貧賤のものにもへりくだり、愚鈍なものにも頭を下げる。そのようなことができたのは、ただ信陵君だけであった。そこで、魏公子の列伝第十七を作る。

――と述べている。すぐれた人材を獲得することこそが国家の力のもとになる。富国強兵の戦国時代に、そのことはとりわけ重要だったのである。

文学者の位置——司馬相如

†権力と文学

権力者のまわりにいた人たち、道化師などもそうであったが、今日いわゆる文学者も、権力者の楽しみのための存在、飾りであった。前漢の大文人司馬相如《しばしょうじょ》もそうした一人である。

司馬遷は、このような司馬相如をも、人間の類型の一つとして描きだしている。司馬相如は、司馬遷とほぼ同時代の人であった。「司馬相如列伝」を見よう。

司馬相如は、蜀郡成都《しょくぐんせいと》の人である。字《あざな》は長卿《ちょうけい》といった。若い時から読書を好み、剣術を学んだ。そのため親は犬子《けんし》と呼んでいた。相如は学業を終えると、藺相如《りんしょうじょ》の人となりを慕って、名を相如と改めた。

金持ちの出身であったことから郎《ろう》（天子の侍従）となり、孝景帝《こうけい》に仕えて、武騎常侍《ぶきじょうじ》となったが、好きな職務ではなかった。たまたま景帝は辞賦《じふ》(韻文の文体の一種)を好まれなかったのである。

そのころ梁孝王《りょうこうおう》が来朝した。王は、遊説家《ゆうぜいか》である斉人《せい》の鄒陽《すうよう》、淮陰《わいいん》の枚乗《ばいじょう》、呉《ご》の荘忌夫子《そうきふうし》などを連れてきていた。相如は彼らと会ってよろこび、病気と称して辞職して、梁に赴いた。梁孝王は諸士たちと同じ宿舎に寄宿させた。相如は諸士たちや遊説家たちと数年いっしょに過ごすことができ、そこで「子虚《しきょ》の賦」を著した。

梁孝王が亡くなって、相如は帰郷したが、家は貧しくなっていて、生活することができない。相如はかねてから臨邛《りんきょう》県の県令であった王吉《おうきつ》と昵懇《じっこん》であった。王吉がいった。

「長卿は長いこと仕官のために旅に出ていたが、願いがかなわなかった。それならばわたしのところに来られるがよい。」

相如は出かけて行き、官舎に住んだ。臨邛県の県令は、ことさら相如を鄭重にもてなし、毎日相如のもとに挨拶《あいさつ》に出かけた。相如は、最初のうちは会っていたが、やがて病気と称して、従者に面会を断らせた。だが、王吉はますますうやうやしくしたのであった。

臨邛というところには、金持ちが多かった。そして卓王孫《たくおうそん》の家には下僕が八百人もおり、程鄭《ていてい》の家にも数百人いた。この二人が相談した。

「県令さまのところに賓客《ひんきゃく》がいらっしゃるようだから、一席設けてお招きしよう。そして県令さまもいっしょにお招きしよう。」

県令が会場に到着すると、卓氏の邸宅には数百人もの客が来ていた。昼ごろになって司馬相如を呼びにやったが、病気で行けないという。臨邛県の県令は、食事に箸をつけようともせず、みずから相如を迎えに出かけて行った。

相如がやむなく出かけて行き、迎えてくると、一座のものたちはみなその姿を見て敬慕した。宴たけなわになって、臨邛県の県令は、琴を持って進み出ていった。

「ひそかにうけたまわるところでは、長卿どのは、これがお好きとのこと。どうぞ弾いてご自分でお楽しみください。」

相如は辞退したが、やがて一二曲演奏した。

このとき、卓王孫のもとには、寡婦《かふ》になったばかりの娘、文君《ぶんくん》がいて、音楽が好きであった。それで相如は、県令の意を重んずるふりをして、琴によって彼女に思いを伝えたのである。

相如が臨邛に行った時には、車騎をしたがえ、ゆったりと優雅にかまえて、都会的であった。卓氏の邸宅での酒宴にのぞみ、琴を弾くと、文君はひそかに扉の隙間からのぞき見て、相如にすっかり夢中になってしまったが、自分は相如の配偶者としてふさわしくないと思った。

酒宴が果てると、相如は人をつかわして文君の侍女《じじょ》にたくさんの贈り物を届け、よしみを通じた。文君は、夜中に家から逃げ出して、相如のもとにはしった。相如は、そこでいっしょに急いで成都に戻った。しかし、貧乏で家には何もなく、四方の壁が立っているばかりであった。卓王孫は大いに怒っていった。

「むすめはとんだばかものだが、殺すにはしのびない。だが、びた一文くれてはやらん。」

王孫に二人のことをとりなしてくれるものもあったが、王孫はどうしても耳をかさなかった。しばらくすると、文君もおもしろくなくなって、いった。

「いっしょに臨邛へ行ってくだされば、兄弟からお金を借りて、何とか暮らしていけますわ。それなのに、どうしてご自分からこんなに苦しまれるのでしょう。」

相如はいっしょに臨邛へ行き、車騎をすっかり売り払うと、一軒の酒屋を買って酒を売り、文君に燗番《かんばん》をさせた。相如自身は、ふんどし姿になって、雇い人とともに働き、市場で食器を洗ったりもした。

卓王孫はそれを聞いて恥ずかしがり、門の扉を閉め切ってとじこもった。兄弟たちがかわるがわる王孫にいった。

「こどもは一男二女で、財産がないわけではありません。いま、文君は司馬長卿のために身をもちくずしたとはいっても、長卿ももともとは各地を遊歴した人物。貧しくはありますが、頼りにできる人材です。それに県令の賓客です。どうしてそんなにひどくばかになさるのでしょうか。」

卓王孫はしかたなく、文君に下僕百人、銭百万、それから最初に嫁入りした時の衣類や財産を与えた。文君はかくして相如とともに成都に戻り、田畑と邸宅を買い入れ、富豪になった。

しばらくして、蜀の人、楊得意《ようとくい》が狗監《くかん》（猟犬をつかさどる官）となり、天子（武帝《ぶてい》）のおそばに侍《はべ》った。武帝は司馬相如の「子虚の賦」を読んで、おほめになっていった。

「朕《ちん》がこの人と時代をともにできなかったのは残念だ。」

楊得意「わたくしと同郷の司馬相如がこの賦を作ったといっております。」

武帝はびっくりして、相如を呼び出してたずねた。

相如「その通りです。しかし、この賦に詠じたのは諸侯の事でありまして、陛下のお目にかけるものではございません。どうか陛下の遊猟《ゆうりょう》の賦を作らせてくださいますよう。賦ができあがりましたら、奏上いたします。」

武帝はそれを許し、文書係に筆と札（木簡）を支給させた。相如は、そらごとを示す「子虚《しきょ》」によって、楚《そ》の立場を代弁させ、このことなしを示す「烏有先生《うゆう》」によって、斉《せい》の立場で楚を論難させ、そして、この人なしを示す「無是公《むぜこう》」によって、天子の大義を示す、という三人の人物を虚構して文章を書き、天子・諸侯の苑囿《えんゆう》（禽獣《きんじゅう》を飼う園）を論じた。そして最後には、倹約を説いて、天子を諷刺しいさめたのである。これを武帝に奏上すると、武帝は大いに気に入りよろこんだのであった。

司馬相如の出世物語は、臨邛の県令による重視、それを通して卓文君と駆け落ちし、結果、卓王孫の財産の一部を継承したことによっている。そして、また蜀の同郷人である楊得意の推薦によっているのである。司馬遷は、相如の出世の過程を描いている。以下、「司馬相如列伝」の叙述は、司馬相如が作った賦や檄文からの引用が大部分を占めている。

司馬相如といえば、前漢代の大文学者であり、賦の作者として著名であるし、武帝が相如の文章を読んで、大いに気に入ったと記されている。相如は、自身、卓氏の娘と結婚して財産があったということもあるが、官界にあって、出世したわけではない。官職は、せいぜいが文帝の御陵《ごりょう》の警備長官といったところである。また、相如が没した時、その文章もあまり残っていなかったとも記されている。つまり、大文学者司馬相如も、文学の才を賞賛されているとはいうものの、ただそれだけのことだったのである。

このことは、『史記』における「司馬相如列伝」の位置からもうかがうことができる。

「司馬相如列伝」は、列伝のうちでもほとんど最後、「匈奴《きょうど》列伝」や「南越《なんえつ》列伝」「東越列伝」「朝鮮列伝」「西南夷《せいなんい》列伝」の次に置かれている。司馬相如という一個人のために列伝が設けられていることはたしかだが、その位置は、かならずしも高くないのである。帝王のおそばにはべった滑稽《こっけい》たちとあまりかわらないともいえよう。もちろん、文学によって帝王に仕えるという一つの人間の型を描き出している点で、司馬遷の目は光っているのであるが。

第五章

権力に刃向かうもの——刺客と反乱者

執念の刺客――予譲・荊軻

†士は己を知るもののために死す

ここでは、権力に楯突こうとするものの列伝を読んでみたい。まずは、「刺客《しかく》列伝」から予譲《よじよう》と荊軻《けいか》を見よう。彼らは、仇討《かたきう》ちという目的のために、力ある相手に立ち向かおうとする。

「刺客列伝」では、複数の人物の伝を集めている。「儒林《じゆりん》列伝」「酷吏《こくり》列伝」「滑稽《こつけい》列伝」「貨殖《かしよく》列伝」などと同様である。こうした列伝は、だいたい列伝の最後にまとめて置かれているのに対して、「刺客列伝」だけは、個人の伝が並ぶところ、「呂不韋《りよふい》列伝」と「李斯《りし》列伝」の間に置かれている。秦《しん》の始皇帝《しこうてい》に関わる人物があらわれるということではあるが、この位置づけから、司馬遷は『史記』列伝の中で、この「刺客列伝」を、かなり重要な位置に置いていると見ることができるのではないかと思う。しかも「刺客列伝」は、長さの点からも、かなりの長編で、多くの文字数を使っている。それだけ思い入れが込められているわけである。

予譲《よじよう》は晋《しん》の人である。もと范氏《はんし》と中行氏《ちゆうこうし》に仕えたことがあるが、名を知られなかったので、去って智伯《ちはく》に仕えた。智伯は予譲を非常に尊敬し、かわいがった。智伯が趙襄子《ちようじようし》を攻撃すると、趙襄子は韓《かん》、魏《ぎ》とはかって智伯を滅ぼし、その子孫をも滅ぼして、領地を三分した。趙襄子は智伯を最も怨《うら》み、その頭蓋骨に漆《うるし》を塗って酒器にした。予譲は山中に逃れていった。

「ああ、士は己を知るもののために死に、女は己を気に入るもののために化粧する（**士は己を知る者の為《ため》に死し、女は己を説《よろこ》ぶ者の為に容《かたち》づくる**）。いま智伯はわたしを知ってくれた。わたしはどうしても仇を討って死に、智伯に恩返しをしなければならない。それでこそわが魂も恥ずることがないのだ。」

そこで姓名を変えて受刑者になりすまし、宮殿に入って厠《かわや》の壁塗りをし、匕首《あいくち》をしのばせて、襄子を刺そうとした。襄子が厠に行くと、胸騒ぎがして、厠の壁塗りをしている受刑者を捕らえてみると、予譲であった。刃物を隠し持っていて、いった。

「智伯の仇を討つのだ。」

左右のものたちは、予譲を殺そうとしたが、襄子がいった。

「彼は義人である。わたしは気をつけて避ければよい。智伯は死んで子孫もいないのに、その臣下が仇を討とうとしている。これは天下の賢人である。」

そういうと、釈放して去らせた。

しばらくすると、予譲はまた体に漆を塗って癩《らい》をよそおい、炭を呑んで口がきけないふりをし、外見からわからないようにして、市場で物乞いをしていた。妻でさえも気づかなかった。友人に出会うと、友人は気がついていった。

「君は予譲ではないか。」

予譲「そうだ。」

友人は涙を流しながらいった。

「君の才能をもって、へりくだって襄子に仕えたならば、襄子はかならず君を近づけて厚遇するだろう。近づいて厚遇されたところで、君の思いを遂げれば、簡単ではないか。どうして体を傷つけ苦しめて、襄子に報復しようというのだ。それはたいへんではないか。」

予譲「へりくだって仕えながら、その人を殺そうとするのでは、二心を抱いて君に仕えることになる。たしかにわたしのやりかたは、とても厳しい。だが、わたしは天下後世の人臣でありながら、二心を抱いて君に仕えるものたちを恥じさせようと思って、こうするのだ。」

またしばらくして、襄子が外出すると、予譲は通り過ぎる橋の下に潜んでいた。襄子が橋に来ると、馬が驚いた。

襄子「これはきっと予譲だ。」

人に様子を見に行かせると、果たして予譲であった。襄子は予譲を非難していった。

「おまえは范氏、中行氏に仕えていたのではないか。彼らを滅ぼしたのは智伯だぞ。それなのに、おまえはその仇を討とうとしないで、へりくだって智伯に仕えた。智伯も死んだが、おまえは智伯のためばかり、どうしてこんなに真剣に仇を討とうとするのだ。」

予譲「わたしは范氏、中行氏に仕えましたが、范氏、中行氏は普通の人並みにわたしを待遇しました。だから、わたしは普通の人並みに報いたのです。智伯は国士としてわたしを待遇しました。だから、わたしは国士として報いようとするのです（**国士もて我を遇**《ぐう》**す。我、故**《ゆえ》**に国士もて之**《これ》**に報**《ほう》**ず**）。」

襄子はため息をつき、涙を流していった。

「ああ、予子《よし》よ。おまえは智伯のために仇討ちをはかって、もうその名分は十分に立った。またわたしも十分におまえを赦《ゆる》してきた。自分でよく考えてみよ。わたしはもうおまえを赦しはしないぞ。」

そういうと、兵に予譲を包囲させた。

予譲「『明君は人の美をおおわず、忠臣は名のために死ぬ義あり』と聞いています。以前、あなたは寛大にもわたしを赦してくれ、天下はみなあなたの賢を賞賛しています。今日は、わたしはもちろん殺されてよい覚悟です。

一つお願いがあります。あなたの着物をいただき、それを撃って、仇を討つ思いを遂げさせてください。そうすれば、死んでも怨みはありません。お願いするのもずうずうしいのですが、あえて思いを述べさせていただきます。」

襄子はそれを義として、使いの者に着物を持たせ、予譲に渡した。予譲は、剣を抜いて三たび躍り上がってそれを斬った。

予譲「これで智伯に報告ができます。」

そういうと剣に伏して自殺した。予譲が死んだ日、趙国の志士はそれを聞いて、みな予譲のために涙を流した。

予譲の場合、「士は己を知るもののために死ぬ」という点が重要である。かつて仕えた范氏、中行氏は、自分をそれほど重用してくれなかった。だから彼らが滅びた時にも、それだけの対応しかしなかった。しかし、智伯は、自分の能力を認めて重用してくれた。だからこそ、これだけの苦しい思いをして、仇を討とうとしているのだ。ここには、あ

る意味きわめてドライな人間関係を見て取ることができる。

続いて、秦の始皇帝の暗殺をはかった荊軻と高漸離《こうぜんり》を見よう。

†始皇帝を狙う

荊軻は衛の人である。その先祖は斉《せい》の人であったが、衛に移り住み、衛の人は彼のことを慶卿《けいけい》と呼んだ。それから燕《えん》に行き、燕の人は彼を荊卿《けいけい》と呼んだ。

荊卿は、読書と撃剣が好きで、その術で衛の元君《げんくん》に説いたが、衛の元君は彼を用いなかった。その後、秦が魏を攻めて、東郡《とうぐん》を置くと、衛の元君の支族を野王《やおう》に移り住ませた。

荊軻がかつて旅をして楡次《ゆじ》を通った時、蓋聶《こうじょう》と剣を論じ、蓋聶は怒って荊軻をにらみつけ、荊軻は退出した。また荊卿を呼び出してやればというものがあって、蓋聶はいった。

「以前、あいつと剣を論じた時、おもしろくないことをいったから、にらみつけてやったのだ。行って見るがよい、きっとここを立ち去っているから。留まっていられるはずがない。」

使いを宿屋の主人のところにつかわしてみると、荊卿はすでに馬車に乗って楡次から立ち去っていた。使いの者が帰って報告すると、蓋聶はいった。

「立ち去ったに決まっているさ。おれがにらみつけてやったんだから。」

荊軻が邯鄲《かんたん》に遊んだ時、魯句践《ろこうせん》が彼とすごろくをし、そのルールで争った。魯句践が怒って叱りつけると、荊軻はだまって逃げ去り、二度と会わなかった。

後に時の最高権力者である秦の始皇帝の暗殺を企てるという大胆な荊軻が、実は、いかにも気の弱い人物であったということを示すエピソード。韓信《かんしん》の股くぐりを思い起こさせる。

荊軻が燕に行くと、燕の犬殺したちや筑《ちく》の演奏がうまかった高漸離を気に入っていた。荊軻は酒が好きで、毎日犬殺したちや高漸離と燕の市場で飲んでいた。酒が回ってくると、高漸離が筑をたたき、荊軻はそれにあわせて市場で歌を歌って楽しみ、やがて泣き合い、かたわらに人がいないかのようであった。荊軻は酒飲みたちと交際したが、人となりは沈着で読書を好んだ。

荊軻がおとずれた諸国では、どこでも賢者、豪傑、徳のある人たちと交わりを結んだ。燕に来た時には、燕の処士《しょし》（無官の士）である田光《でんこう》先生も荊軻を厚く遇した。非凡であることがわかったからである。

しばらくすると、秦の人質になっていた燕の太子丹《たん》が逃げ出して燕に帰ってきた。燕の太子丹は、もともと趙《ちょう》の人質になっており、秦王政《せい》（秦の始皇帝）は趙で生まれたので、幼い頃には仲良しであった。政が即位して秦王になると、丹は人質として秦に行った。ところが秦王の燕太子丹に対する待遇がよくなかったので、丹は怨みに思って逃げ帰ったのであった。帰ってきて秦王に報復できる者を求めたが、燕は小国で、さがし出せなかった。

その後、秦は毎日のように山東に出兵して、斉、楚、三晋を攻撃し、少しずつ諸国を侵食してゆき、いまにも燕に迫ろうとした。燕の君臣はみなわざわいがふりかかるのを恐れた。太子丹は憂慮して、その補佐役である鞠武《きくぶ》にたずねた。鞠武が答えていった。

「秦の領地は天下にあまねく、韓、魏、趙氏に脅威を与えており、北には甘泉《かんせん》、谷口《こくこう》の要害、南には涇水《けいすい》、渭水《いすい》の沃土《よくど》があって、巴《は》、漢《かん》という豊かな地を一人占めにし、西には隴《ろう》、蜀《しょく》の山々、東には函谷関《かんこくかん》、殽山《こうざん》の険があります。民は多く、士卒は強く、武器はありあまるほど。

出兵しようと思えば、長城《ちょうじょう》の南、易水《えきすい》の北、平定できないところはありません。侮辱されたからといって、秦王の逆鱗《げきりん》に触れるようなことをすることがありましょうか。」

太子丹「ではどうすればよいのだ。」

鞠武「奥でお話しいたしましょう。」

しばらくすると、秦の将軍樊於期《はんおき》が秦王に罪せられ、逃げて燕にやってきた。太子は受け入れて宿舎を与えた。鞠武がいさめていった。

「なりません。そもそも暴虐な秦王が、燕に対して怒りをつのらせていること自体、十分おそろしいことです。ましてや樊将軍が燕にいることが耳に入ったらどうなりましょう。これこそ『飢えた虎の通り道に肉を置いておく』というやつで、わざわいから逃れるすべはありません。管仲《かんちゆう》や晏嬰《あんえい》ほどの人たちであったとしても、手のほどこしようはないでしょう。

太子におかれましては、すぐに樊将軍を匈奴《きようど》に送ってしまい、口をふさがせてください。それから西は三晋と盟約を結び、南は斉、楚と聯合し、北は匈奴の單于《ぜんう》と講和してください。秦に対するのはその後のことです。」

太子「そなたの計略は、時間がかかりすぎだ。すぐにできないのであれば、わたしは気が遠くなりそうだ。それればかりではない。そもそも樊将軍は天下に行き場がなく、わたしのもとに身を寄せてきたのだ。

強い秦に迫られたからといって、あわれな友人を捨てて、匈奴へ送るなどということは、わたしにはどうしてもできない。そんなことができるのは、わたしが死んでいなくなってからのことだ。どうかもういちど考え直してほしい。」

鞠武「そもそも、危険なことを行って無事を求め、わざわいのもとを作りながら福を求める、浅い計略によって怨みを深める。一人との交際のために、国家の大害を顧みない。これこそ『怨みをあおり、わざわいを助長する』というものです。鴻《おおとり》の羽を炭火の上で焼けば、すぐに燃え尽きてしまいます。鷹《くまたか》や鷲《わし》のような秦が、怨みによる怒りを爆発させれば、どういうことになりましょう。燕には田光先生がおられます。その人は知恵深く勇気があり沈着ですから、相談することができましょう。」

太子「どうかそなたの手で、田光先生に引き合わせてはもらえぬか。」

鞠武「承知いたしました。」

鞠武は下がって田光先生に会いに行き、いった。

「太子が国事について先生とご相談したいとのことです。」

田光「つつしんでお受けいたしましょう。」

そういって太子のもとにやってきた。太子は外まで出迎え、あとずさりして先導し、ひざまずいて田光の席をはらい清めた。田光は席に着いた。左右にはほかに誰もいない。太子は席をくだって懇請した。

「燕と秦とは両立しません。このことを先生のお気に留めていただきたいのです。」

田光「駿馬《しゅんめ》は元気な時には、一日に千里も駆けるが、年取って衰えると、駑馬《どば》でも追い抜いてゆく、といいます。殿下は、わたしが元気であった時の話を聞かれたようですが、わたしはいまや精も尽き果ててしまっております。

とは申しましても、わたしは国事をはかることはできませんが、友人の荊卿《けいけい》ならお役に立てるでしょう。」

太子「先生の手によって荊卿に引き合わせてはもらえぬか。」

田光「承知いたしました。」

田光はすぐに立ち上がって、小走りで出て行った。太子は門まで送り、いましめた。

「わたしのいったこと、先生のいったことは国の大事です。どうぞお漏らしにならぬよう。」

田光は下を向いて笑っていった。

「承知。」

腰を曲げて歩いて荊卿に会いに行き、いった。

「わしとそなたが仲のよいことは、燕国では知らぬものはない。いま太子はわしが元気であった時のことを聞いて、わしの体がもうついていかないことをご存じない。かたじけなくもこういわれた。『燕と秦とは両立しません。このことを先生のお気に留めていただきたいのです』と。わしは、そなたをわが身と同様と思っている。そなたのことを太子に話した。どうか、太子を御殿にたずねていってはくれぬか。」

荊卿「つつしんで参りましょう。」

田光「すぐれた人が何かをする時には、人に疑いを抱かせない、と聞いている。いま太子はわしに『わたしのいったこと、先生のいったことは国の大事です。どうぞお漏らしにならぬよう』といわれた。太子はわしを疑っておられるのだ。何かをして人に疑いを抱かせるのは、節義のある俠《きょう》ではない。」

田光は、自殺して荊卿を奮い立たせようとしていった。

「そなたはすぐに太子をたずね、光はもう死んだといってくれ。口外していないことを示すためだ。」

すると、みずから首をはねて死んだ。

荊軻は太子に会いに行き、田光がすでに死んだことを告げ、田光の言葉を伝えた。太子は再拝してひざまずき、膝でいざりながら、涙を流した。しばらくしてからいった。

「わたしが田先生にいわないでくれといったのは、大事の計略を成し遂げたいと思ったからです。いま田先生がみずからの死をもって、口外していないことを示されたが、それはわたしの思いと裏腹なのだ。」

荊軻は席に着くと、太子は席をくだり、頭を地につけていった。

「田先生はわたしの愚かさを気にせず、あなたの前で話をさせてくださいました。これは、天が燕を憐れんで孤立したわたしを棄てないでいてくれたからです。

いま秦には利をむさぼる心があって、その欲は足ることを知りません。天下の土地をすべて自分のものにし、海内《かいだい》の王をすべて自分の臣下にするまでは、満足しないのです。いま秦王はすでに韓王を捕虜にして、その土地をことごとく自分のものとしました。また出兵して南は楚を攻め、北は趙に臨んでいます。

将軍王翦《おうせん》が数十万の兵を率いて漳水《しょうすい》から鄴《ぎょう》に迫り、将軍李信《りしん》は太原《たいげん》、雲中《うんちゅう》に進出しています。趙は秦の攻撃に耐えられず、きっと臣従することでしょう。趙が臣従すれば、わざわいは燕に及びます。燕は弱小で、しばしば戦《いくさ》に苦しんできました。いま国を挙げてはかっても、秦に当たることはできないでしょう。諸侯は秦に服し、合従《がっしょう》の連合をしようともしません。

わたしがひそかに愚考しますに、天下の勇士をさがして秦に使いとして行かせ、利をもって誘いかければ、秦王は貪欲ですから、勢いかならず願いがかなえられるでしょう。秦王を脅迫して、諸侯の侵略した土地を返させ、曹沫《そうばつ》が斉の桓公《かんこう》にしたようにできれば、すばらしい。それができなければ、秦王を刺殺するのです。

秦の大将たちは外にあって兵権を独占しているので、国内で乱がおこれば、君臣たちはたがいに疑いあい、その間隙《かんげき》に乗じて、諸侯が合従できるならば、秦を破れること必定です。これはわたしの最も願うところです。誰にこの命をゆだねたらよいかわかりません。荊卿どの、ご留意くだされ。」

しばらくしてから、荊軻がいった。

「これは国の大事です。わたしのようなつたないものでは、任に堪《た》えないでしょう。」

太子は進み出て頭を地につけ、ぜひにと頼んで譲らない。荊軻はかくして承諾した。そして、荊卿を尊重して上卿《じょうけい》につけ、上級の宿舎に住まわせた。太子は毎日のように宿舎をたずね、ごちそうを供え、時に珍しい物を贈り、車騎でも美女でも、荊軻の望むものは、何でも思い通りにしてやったのである。

†暗殺の旅へ

それからしばらくあったが、荊軻はまだ出発しようとしない。秦の将軍王翦は趙を破って趙王を捕虜にし、その土地をことごとく接収し、軍を進めて土地を攻略しながら、燕の南の国境にやってきた。太子丹は恐れて、荊軻にたのんでいった。

「秦の軍はいまにも易水《えきすい》を渡ろうとしています。そうしたら、いつまでもあなたのおそばにいたいと思っても、どうしてできましょうか。」

荊軻「殿下がいわれなかったら、わたしの方からうかがおうと思っておりました。いま出かけていっても、信用されません。それでは秦は近づけてくれません。

秦王は、樊将軍を金千斤、一万戸の所領によって買い求めようとしています。樊将軍の首を手に入れ、燕の督亢《とくこう》の地の地図といっしょに秦王に献上すれば、秦王はきっとよろこんでわたしに会うでしょう。そうすれば、わたしはご恩返しができます。」

太子「樊将軍は行き場がなくなって、わたしのところにやってこられた。わたし一人のために徳のあるお方の気持ちを傷つけるに忍びません。どうか考えなおしていただけませんか。」

荊軻は、太子にはとてもできないと見てとると、ひそかに樊於期《はんおき》に会いに行っていった。

「将軍に対する秦の仕打ちは、やりすぎというものでしょう。父母をはじめ一族皆殺しになりました。いま将軍の首を金千斤、一万戸の所領によって買い求めようとしていると聞きましたがいかがでしょう。」

於期は天を仰ぎ、大きなため息をつき、涙を流していった。

「わたしはそのことを思うといつも、骨髄にまで痛みが走ります。ですが、どうしたらよいかわからないのです。」

荊軻「いま一言で燕国の心配を取り除き、将軍の仇を討つ方法がありますが、いかがでしょう。」

於期は進み出ていった。

「どうすればよいのでしょう。」

荊軻「将軍の首を手に入れて秦王に献上すれば、秦王はきっとよろこんでわたしに会うでしょう。わたしは左手で袖をつかみ、右手でその胸を刺します。そうすれば、将軍の仇が討て、燕が屈辱を受けた恥がそそがれるのです。いかがでしょうか。」

樊於期は肌脱《はだぬ》ぎになり、腕をまくりあげ、進み出ていった。

「これこそわたしが日夜切歯扼腕《せっしやくわん》し、腐心してきたことです。いまはじめて教えていただきました。」

そういうと、そのまま自ら首をはねた。太子はそれを聞き、駆けつけて屍《しかばね》に泣きついた。その様子は悲しげであったが、もはやどうしようもないので、樊於期の首を箱に入れて封をしたのであった。

太子は、かねてから天下の鋭利な匕首《あいくち》を探し求め、趙の徐夫人《じょふじん》の匕首を百金で手に入れ、職人に、その匕首に毒薬を染みこませた。人に試してみると、わずか一すじの傷で、みなたちどころに死んだのであった。そこで、準備を整えさせて荊軻を送り出した。

燕国に秦舞陽《しんぶよう》という勇士があった。十三歳の時に人を殺したほどで、逆らうものもなかった。そこで、秦舞陽を補佐役とした。

荊軻はある人を待って、いっしょに行こうと思ったのだが、その人は遠くに住んでいて、まだやってこなかったのに、旅装が整ってしまった。しばらく出発を延ばしていると、太子はいらいらし、気が変わったのではと疑い、再び請うた。

「もう時間がありません。荊卿には何かお考えがおありですか。先に秦舞陽を出発させてはいかがですか。」

荊軻は腹を立て、太子をどなりつけた。

「こんなものを先に行かせてどうします。行ったきり戻ってこないのは、あの小僧でしょう。匕首一つだけを持って、何がおこるかわからない強い秦に乗り込んで行くのです。わたしが出発しないのは、わたしがいっしょに行きたい友人を待っているからです。太子が遅いと思われるなら、それではお別れいたしましょう。」

そういうと、出発した。太子と食客たちで、わけを知っているものたちは、みな白い喪服に冠をつけて見送った。易水のほとりに来て、餞別の宴が終わると、いよいよ旅立った。高漸離《こうぜんり》が筑をたたき、荊軻がそれに合わせて歌った。その音は悲しい変徴《へんち》という調子で、士人たちはみな涙を流して泣いた。荊軻は進み出て歌った。

風は蕭蕭《しょうしょう》として易水《えきすい》寒し
壮士一たび去って復《ま》た還《かえ》らず

また怒りの調子である羽《う》声で演奏すると、士人たちはまなじりを決し、髪の毛はことごとく逆立って冠を衝き上げた。そこで荊軻は車に乗って去り、最後まで後ろを振り返らなかった。

かくして秦に着くと、千金の贈り物を秦王の寵臣である蒙嘉《もうか》に贈った。蒙嘉はまず秦王に言上した。

「燕王は、大王さまの威をおそれ、わが軍に逆らって挙兵しようなどとせず、国を挙げて大王の臣下となり、他の諸侯にならって秦の郡県と同様に貢ぎ物を差し出すことによって、先王の宗廟《そうびょう》を守りたいと望んでおります。

恐懼して燕王みずから申し上げることもせず、つつしんで樊於期の首を斬り、燕の督亢の地の地図を献上しようとして、箱に入れて封をし、燕王は宮殿の庭において拝して送り出し、使いをつかわして大王に申し上げに参りました。大王には引見をお命じくださいますよう。」

秦王はそれを聞いて、大いによろこび、礼装をして、九賓《きゅうひん》の大礼《たいれい》を設け、咸陽《かんよう》宮で燕の使者を謁見することにした。荊軻は樊於期の首の入った箱を奉り、秦舞陽が地図の箱を奉って、次第に進んでいった。

階段のところに来ると、秦舞陽は恐怖から顔色が変わり、群臣たちは不思議に思った。荊軻はふりかえって舞陽に笑いかけ、進み出て陳謝した。

「北の蛮族の田舎者です。まだ天子というものを見たことがないので、怖じ気づいているのです。大王にはお許しいただき、御前で使いの使命を果たさせていただきますよう。」

秦王が荊軻にいった。

「舞陽の持つ地図をこれへ。」

荊軻は地図を取って差し出した。秦王が図をひらいてゆくと、図の終わりから匕首があらわれた。そこで、左手で秦王の袖をとらえ、右手に匕首を持って刺した。しかし、匕首が体に届かないうちに、秦王は驚いて、みずから引き下がり、袖がちぎれた。秦王は剣を抜こうとしたが、剣は長い。剣のさやをつかんだが、あわてているし、きつくおさまっていて、すぐには抜けない。荊軻は秦王を追いかけ、秦王は柱を回って逃げる。

群臣たちはみな驚いたが、あまりに急なことだったので、どうしたらよいかわからない。秦の法では、殿上にひかえる群臣は、短い武器でも身につけてはいけないことになっており、武器を持った護衛の武官は、宮殿の下に並んでいて、詔《みことのり》がないと、上にあがることはできなかった。

急なことだったので、下の兵を呼ぶいとまもない。だから荊軻は秦王を追いかけられたのである。急であり、荊軻を撃つこともできず、みな素手で荊軻に打ちかかった。このとき、侍医の夏無且《かむしょ》は捧げ持っていた薬の袋を荊軻に投げつけた。秦王はちょうど柱を回って逃げたが、事態は急で、どうしたらよいかわからなかった。左右のものがいった。

「王よ、剣を背負いくだされ。」

秦王は、剣を背負うと、剣が抜け、荊軻に斬りつけ、その左の足を斬った。荊軻がひざまずくと、その匕首を秦王に投げつけた。

あたらない。桐の柱にささった。秦王はふたたび荊軻に斬りつけ、荊軻は八カ所傷をうけた。荊軻は事が成就しなかったことを知り、柱によりかかって笑い、うずくまったまま罵っていった。

「ことが成らなかったのは、秦王を生きたまま脅し、約束を取り付けて燕の太子に報告したいと思ったからだ。」

すると、左右のものがやってきて荊軻を殺した。秦王は、しばらく機嫌が悪かった。やがて論功が行われることになり、群臣たちそれぞれに賞罰が与えられた。夏無且には黄金二百溢《いつ》が贈られた。

「無且はわたしを愛し、薬の袋を荊軻に投げつけたのだ。」

荊軻による暗殺未遂の事件がおこってから、秦王は怒って、燕に大軍を差し向けた。燕王喜《き》は、ことの原因が太子丹にありとして、太子丹を殺して、秦に謝罪しようとしたが、秦は軍を進めた。そして五年後、秦は完全に燕を滅ぼしたのであった。

「刺客列伝」の、荊軻による秦王暗殺をめぐっては、さらなる後日談が付されている。それは、荊軻が燕に来た時に友人になり、荊軻が秦に向かって出発しようとするとき筑をたたいた高漸離の物語である。

†音楽を武器に……

秦が燕を滅ぼした翌年、秦は天下を統一し、秦王は皇帝と称した。秦は太子丹や荊軻の食客たちを追放し、みな逃げ去った。高漸離は姓名を変えてある家の雇い人になり、宋子《そうし》に身を隠していた。しばらくして、仕事に疲れた時、その家の客間で客が筑をたたいているのを聞き、そのあたりをうろうろして、いつもこういった。

「あの人にはうまいところもあるが、まずいところもある。」

従者が主人に、あの雇い人は音楽がわかるようで、ひそかに演奏のよしあしをいっています、と告げた。主人が高漸離を呼んで、筑をたたかせてみると、一座の人々はみな賞賛し、酒をふるまった。高漸離は、久しく身を隠していたが、いつまでもそうするわけにもいかないと思うと、退出して、つづらの中から筑ときれいな着物を出し、すっかり様子をあらためて進み出た。席にあったものはみなびっくりし、へりくだって対等の礼をし、高漸離を上客としてすえた。筑をたたいて歌わせてみると、涙を流して立ち去らないものはなかった。

宋子ではみながつぎつぎと高漸離を客としてまねき、そのうわさは秦の始皇帝の耳にはいった。秦始皇が招いて会うと、見知っているものがおり、これは高漸離です、といった。秦の皇帝は、その筑をうつのが上手であることを惜しみ、殺さずに、目をつぶして、筑をうたせたが、演奏するたびに、うまいとほめた。

始皇帝は次第に少しずつ高漸離を近づけた。高漸離は、筑の中に鉛を仕込んで固め、さらに近くに進み出ると、筑を振り上げて秦の皇帝を打ったが、はずれてしまった。そこで、高漸離を誅殺し、その後生涯、他国の人間を近づけなかったのであった。

高漸離の執念もまたすさまじい。はじめは荊軻の友人として登場した高漸離もまた、「刺客列伝」中の人物であった。この司馬遷の書き方、構成は心にくいほどである。

大帝国を滅ぼした最初の一撃――陳勝

†「王侯でも将相でも、みんな人間だ」

戦国の乱世を統一したのは、秦《しん》であり、秦の始皇帝《しこうてい》は一つの時代を築いた。始皇帝は厳しい政治を行い、人々の怨《うら》みがつもったが、強圧によって、それらの怨みを押さえ込んでいた。

始皇帝の没後、抑えられた怨みは、次第にはけ口を見いだし、やがて噴出する。ここに見る陳勝《ちんしょう》、呉広《ごこう》は、最初に秦に対して反乱を企てた人物として『史記』に伝が立てられる。それも、普通の人の伝としてではなく、大名の伝である「世家」の中にである。それは、司馬遷が、歴史の歯車を大きく動かしたこの人物をとりわけ重視したからである。『史記』で「陳渉世家」は、「孔子世家」のすぐ後に置かれている。陳勝の若い頃の様子を見よう。

陳勝《ちんしょう》は、陽城《ようじょう》の人である。字は渉《しょう》。呉広《ごこう》は、陽夏《ようか》の人である。字は叔《しゅく》。陳渉は若い時、人に雇われて耕作した。あるとき、耕作の手を休めて丘にのぼり、しばらくの間、嘆息していった。

「富貴になっても、あなたを忘れません。」

雇い主は笑って答えた。

「おまえは雇われて耕作しているのに、なにが富貴だ。」

陳渉は大きなため息をついていった。

「ああ、燕や雀などに鴻《おおとり》の志がわかるものか（燕雀《えんじゃく》安《いず》んぞ鴻鵠《こうこく》の志《こころざし》を知らんや）。」

秦の二世の元年七月に、里門の左に住んでいるものを徴発して、漁陽《ぎょよう》の守備に行かせることになり、その九百人が大沢郷《だいたくきょう》に宿営していた。陳勝、呉広はどちらも順番によって、屯長《とんちょう》（分隊長）になっていた。

たまたま大雨がふって、道が不通になり、到着の刻限に間に合わないようであった。刻限に遅れると、法によって全員が死罪であった。陳勝、呉広が相談していった。

「いま逃亡しても死ぬであろうし、秦を討つ大計をめぐらしても死ぬ。同じく死ぬのであれば、国を建てて死んだ方がよいではないか。」

陳勝「天下は久しく秦のために苦しめられている。二世皇帝は末子で、即位すべきではなかった。即位すべきは公子《こうし》の扶蘇《ふそ》である。扶蘇はしばしば始皇帝をいさめたために、始皇帝は外に行かせて将軍にしたのだと聞いている。いままた、扶蘇は罪もないのに、二世に殺されたとも聞いている。人々の多くは、扶蘇が賢人であることを聞いているが、死んだことは聞いていない。

項燕《こうえん》は楚《そ》の将軍として、しばしば功績をあげ、士卒を愛し、楚の人々は彼をなつかしんでいる。あるいは死んだともいわれ、あるいは逃亡したともいわれている。いまわれらがいつわって公子扶蘇、項燕だと称し、天下の先駆けとなれば、呼応するものは多いであろう。」

呉広はその通りだといった。そこで占ったところ、卜者《ぼくしゃ》は、二人の意図を知っていった。

「お二人の事業は成功するでしょう。お二人は鬼《き》に託することになるでしょう。」

陳勝、呉広は、「鬼に託する」というのを誤解して、よろこんでいった。

「これはわれわれにまず衆を威嚇《いかく》せよと教えているのだ。」

そこで絹に赤い字で「陳勝王《ちんしょうおう》」と書き、人が網でつかまえた魚のおなかの中に入れておいた。兵卒が魚を買って煮て食べたところ、魚の腹の中の書が出てきて、不思議に思った。

また、ひそかに呉広を宿営のかたわらの祠《ほこら》の中に行かせ、夜、かがり火をたき、狐の鳴き声のような声で、「大楚《だいそ》が興《おこ》り、陳勝が王になる」といわせた。兵卒たちはみな夜中にびっくりしおそれを抱いた。昼間、兵卒たちはしばしば語って、みな陳勝を指さし注目した。

呉広はもともと部下を大事にしていたので、士卒の多くが彼のために働いた。監督の将校が酔った時、呉広はわざと何度も「逃亡したい」といい、将校を怒らせ、自分を侮辱させることによって、部下たちを憤激させようとした。将校は、思った通りに広を笞《むち》で打った。将校の剣が落ちると、広は立ち上がって剣を奪い、将校を殺した。陳勝は広を助けて、二人の将官を殺した。それからみんなを集めていった。

「みんな雨のために、刻限に間に合わない。遅れて行けば、斬罪にあたる。仮に斬られなかったとしても、辺境の守りに送られ、十人のうち六、七人が死ぬ。壮士として死ななければそれでよいが、死んでも大名を挙げられる。王侯も将相もみんな同じ人間だ（王侯《おうこう》将相《しょうしょう》寧《いずく》んぞ種《しゅ》有《あ》らんや）。」

みんなこぞっていった。

「つつしんで命に従います。」

そこで、公子扶蘇、項燕と詐称《さしょう》することにした。民衆の望みにあわせたのである。彼らは着物の右側を肩脱ぎし、国を大楚と称し、壇を築いて誓いを立て、将校の首をそなえて祭りをした。

陳勝はみずから将軍となり、呉広は都尉《とい》（一郡をおさめる軍官）となって、大沢郷《だいたくきょう》を攻撃し、そこの兵を配下に収め、蘄《き》を攻めて、降伏させた。そこで符離《ふり》の人葛嬰《かつえい》に兵を率いて蘄より東を攻略させた。銍《ちつ》、酇《さん》、苦《こ》、柘《しゃ》、譙《しょう》を攻撃してすべて下し、つぎつぎと兵を配下に収めた。陳《ちん》に至った時には、車六、七百乗、騎千余、兵卒数万人になっていた。陳を攻撃したが、陳の県令も郡守も誰もおらず、ただ郡の丞《じょう》（副官）だけが譙門《しょうもん》の中で戦ったが、勝てずに、丞は死んだ。そこで、陳に入って根拠地とした。

数日たって、号令して三老、豪傑たちを召集し、みなやってきて相談した。三老、豪傑たちはみないった。

「将軍はみずからよろいを着、武器を取って、無道のものを伐《う》ち、暴虐な秦を誅して、楚国の社稷《しゃしょく》（国家）を回復されました。王となられるべきです。」

陳渉はそこで王となり、張楚《ちょうそ》と称したのであった。当時、各地の郡県で秦の役人に苦しめられたものたちは、みなその役人を殺して、陳渉に呼応した。

陳勝は次第に勢力をのばしていくが、函谷関《かんこくかん》で秦軍の本隊にあたって敗れ、最後は内紛によって殺されてしまう。王になったのは、わずか六ヶ月のことであったとある。しょせんは、成り上がりものの三日天下であったということもできる。

しかし、こうした陳勝が、『史記』で「世家」の位置を占めるのは、秦の圧政のもとにあって、誰もが息を殺したようにしていた中で、反旗をひるがえし、それがきっかけになって各地で反乱がおこり、最後には秦の滅亡、また覇王項羽《はおうこうう》の時代を経て高祖《こうそ》劉邦《りゅうほう》による漢《かん》王朝の成立に至ったことを重視したからである。

解説　司馬遷と『史記』について

いまから二一〇〇年ほど前、前漢《ぜんかん》の時代に、司馬遷《しばせん》によって書かれた『史記《しき》』。『史記』は、その後の長い時代を通じ、中国の知識人にとって必読の書物であったばかりでなく、その影響は、朝鮮半島、日本、ベトナムなど、東アジア全域に及んでいる。近代に至ってからは、英訳、仏訳なども生まれ、その読者は全世界に広がる。まことに人類の遺産といってよい書物である。

『史記』はどのような書物であり、『史記』を著した司馬遷とは、いったいいかなる人物だったのだろうか。

†史家の子

司馬遷は、西暦前一四五年に生まれ、前八六年ごろに亡くなっている（司馬遷の生没年については、ほかにもいくつかの説がある）。生まれた場所は、龍門《りゅうもん》（陝西《せんせい》省韓城《かんじょう》県）であるが、父の司馬談《しばだん》が太史令《たいしれい》となった六歳の時に都の長安《ちょうあん》に上った。

父の司馬談の職であった太史令とは、第一義的には、天文の観測をつかさどる官、いわば天文台長であった。当時、天体の現象は地上の事件と関連がある、つまり地上の世界に何か異変があれば、それが天体の異変としてあらわれるとする考え方があった。つまるところ地上の事件を予測するために天体観測が行われたわけである。

ある星が異常な運行をした。そのとき地上の人間世界では、このような事件がおこっていた。この両者をつきあわせる必要から、太史令のもとには、天文、地震、天候不順などの自然現象に関する記録と、地上の事件の記録の両者が蓄積された。太史令の扱う史とは、自然と人事についてのありとあらゆる記録のことである。

『史記』には、本紀《ほんぎ》や列伝《れつでん》など、人間世界の記録のほかに、「天官書《てんかんしょ》」という天文現象についての記録がある。『史記』全体のごく一部分になってしまっているが、これが太史令のもとに蓄積された自然現象に関する記録である。自然についての記述をも含むことによって、『史記』は、人間世界の単なる政治史のわくを越えて、全世界、全宇宙が視野に入っているといえる。それは、自然現象を扱う史官、太史令の仕事が背景にあったからといえるだろう。

司馬遷は、若い頃、全国各地を旅して歩いた。『史記』の末尾に付された「太史公自序」は、『史記』執筆の意図を語った自伝である。そこには、二十歳の時には、南のかた長江、淮水《わいすい》の間（江蘇）に遊び、会稽山《かいけい》（浙江）にのぼって、その山上の禹穴《うけつ》をさぐり、九疑山《きゅうぎ》（湖南）を見、沅水《げんすい》・湘水《しょうすい》（湖南）にうかび、北のかた汶水《ぶんすい》、泗水《しすい》をわたり、斉《せい》・魯《ろ》（山東）の都で学業をおさめ、孔子《こうし》の遺風を参観し、鄒《すう》県・嶧《えき》県（山東）で郷射の礼を習い、鄱《は》・薛《せつ》（山東）・彭城《ほうじょう》（江蘇）でひどい目にあい、梁《りょう》（河南）・楚《そ》を経て帰った。そこで、遷は出仕して郎中《ろうちゅう》になり、使命を奉って西のかた巴《は》・蜀《しょく》（四川）以南の征討に加わり、南のかた邛《きょう》・笮《さく》・昆明《こんめい》（雲南）を攻略し、帰還して復命した。

と記されている。北から南、あるいは西の果てまで、実に広く旅をしていることがわかる。『史記』の中には、伝記中の人物について、旅先で見聞した情報を書き入れている箇所も少なくない。この旅が、『史記』の執筆にあたって大いに役立ったであろうことはまちがいない。

司馬遷は、武帝《ぶてい》の元朔《げんさく》五年（前一二四）、二十二歳の時、郎中（天子の侍従）として仕えはじめた。やがて、元封《げんぽう》元年（前一一〇）、三十六歳の時、武帝が泰山《たいざん》で行った封禅《ほうぜん》の儀式に参加できなかった父の司馬談は、その憤激から死の床に伏す。司馬遷は、そこで史書を完成せよとの遺言を伝えられる。やはり「太史公自序」には次のようにある。

この年、帝ははじめて漢室の封禅の儀式を行った。だが太史公談は、周南《しゅうなん》（洛陽）にとどめられていたために、封禅のことにあずかり従うことができなかった。それゆえに、憤りを発していまにも死なんばかりになった。ちょうど子の遷が使命を果たして帰り、父に黄河と洛水《らくすい》の間で会った。太史公談は、遷の手をとって泣いていった。「獲麟《かくりん》（『春秋《しゅんじゅう》』の筆が絶たれて）よりいままで四百年余りになる。諸侯は他国の土地を奪うことにつとめ、史官の記録は放棄され、断絶してしまった。いま、漢が興隆して天下は統一され、明主、賢君、義に死んだ忠臣もある。わしは太史でありながら、それらについて評論記載せず、天下の史文を廃絶させてしまったのだ。わしは、このことをはなはだ恐れている。そなたは、それをよく考えてくれ。」

父の遺言には、二つのポイントがある。一つは、孔子が「獲麟」の記事を以て筆をとどめた歴史記録『春秋』の後を継ぐ、という点である。『春秋』以後の歴史は、戦国の時代に入ってしまったために、中絶してしまった。いま漢の統一王朝ができあがったことによって、再び歴史書の編纂が可能になった。それができるのは、代々の史官であった自分たちをおいてほかにない。自分は太史でありながら、歴史を書く仕事を完成することができなかった。その仕事を、息子であるおまえは、完成させてほしい。代々の「史官」として、『春秋』以来絶えてしまった史書を書き継ぐ使命、これが『史記』執筆の一つの重要な動機である。

もう一つは、「太史公談は、周南(洛陽)にとどめられていたために、封禅のことにあずかり従うことができなかった。それゆえに、憤りを発していまにも死なんばかりになった」とあった。封禅とは皇帝が天地を祀《まつ》る儀式である。その儀式に、天文をつかさどっている自分が参加させられないとは、いったい何事であるか。その憤りである。太史令として天地を祀る国家の重要な儀式に参加できなかった怨《うら》みを、『史記』を著すことによってはらしてほしい。これが父の遺言の二つ目のポイントである。封禅の儀式に参加を許されなかった怨みという意味で、『史記』は、父司馬談にとっても、憤りの書だったのである。司馬遷は『史記』に「封禅書」を設けることによって、父の遺志を果たしている。

李陵事件

そこにさらに、司馬遷自身の悲劇的な事件も加わる。よく知られる李陵《りりょう》事件である。李陵と司馬遷は、任官当初からの友人であった。北の匈奴《きょうど》と対峙《たいじ》していた漢は、しばしば匈奴征討軍を派遣し、李陵も軍隊を率いて匈奴征討に従っていた。李陵の軍は奮戦したが、李陵は匈奴の捕虜になってしまった。

長安の宮廷には、李陵が匈奴のために働いているとの報告がもたらされ、李陵の一族を皆殺しにせよ、との意見が出される。司馬遷は、そうした状況下において、旧友の李陵を弁護した。ために武帝の逆鱗《げきりん》に触れ、捕らえられて獄に下され、男性のシンボルを切り落とす宮刑《きゆうけい》に処せられたうえ、三年もの間獄中に置かれた。

司馬遷は、このことについて、「太史公自序」で次のように述べている。

七年たって、太史公遷は李陵の事件にめぐりあい、獄に幽閉された。そこで、ためいきをついていった。

「これはわたしの罪だろうか。これはわたしの罪だろうか。わが身は刑を受けて台無しになり、世に用いられなくなってしまった。」

退いて深く思いをひそめていった。

「そもそも、『詩経《しきよう》』『書経《しよきよう》』の義が隠微《いんび》で言辞が簡約《かんやく》であるのは、その志の思いを表そうとしたからだ。むかし西伯《せいはく》(周《しゆう》の文王《ぶんおう》)は、殷《いん》の紂王《ちゆう》によって羑里《ゆうり》に拘禁されたために『周易《しゆうえき》』を述べ、孔丘(孔子)は陳《ちん》・蔡《さい》の間に困窮して『春秋』を作り、楚《そ》の屈原《くつげん》は放逐されて『離騒《りそう》』を著し、左丘《さきゅう》は失明して『国語《こくご》』があり、孫子《そんし》は脚をきられて兵法を論じ、呂不韋《りょふい》は蜀《しょく》に左遷されて世は『呂覧《りょらん》』を伝え、韓非子《かんぴし》は秦に囚われて『説難《ぜいなん》・孤憤《こふん》』(『韓非子』)を書いた。また、『詩経』の三百篇は、おおむね聖賢が憤りを発して作ったものである。要するに、これらの人はみな心に欝結《うっけつ》するところがあって、その道を通ずることができないゆえに、往事を述べて未来を考えたのだ。」

司馬遷はここで、すぐれた著作は、苦境に置かれた著者が憤りを込めることによって生まれたのだ、とする「発憤著書《はっぷんちょしょ》」の説を述べている。『周易』は、西伯が、拘禁されたことによって生まれた。孔子が『春秋』を著したのも、困窮したから。屈原の「離騒」、左丘明の『国語』、『孫子』、呂不韋の『呂覧』(『呂氏春秋』)、『韓非子』、そして『詩経』に収める詩篇、いずれも著者たちが不遇であったことから生まれたのだ、と司馬遷はいう。

李陵事件を通して司馬遷は、自分に罪はない、それなのに、宮刑に処せられるひどい運命にあうとは、と思ったにちがいない。そして、司馬遷の場合、この体験が、過去の歴史の中にみずからの同類たちを見いだそうとする作業につながっていったのである。

代々の史官としての使命、憤死した父親の遺言、そしてまた司馬遷自身の悲劇など、さまざまなことが、『史記』執筆の背景にはある。

†『史記』の構成

いま『史記』が読みたいと思えば、図書館に行って、歴史、中国史の書棚を見れば、探し出せる。中国の伝統的な図書館では、「四部分類《しぶ》」と呼ばれる分類法を用いてきた。四部とは経部《けいぶ》（儒教の経典）、史部《しぶ》（歴史をはじめとする記録）、子部《しぶ》（各種の思想）、集部《しゅうぶ》（文学）の四つであって、そのそれぞれにさらに下部の分類がある。

『史記』は、四部分類では、史部の正史《せいし》類に分類される。中国の伝統的な分類方法を用いる図書館で『史記』を探そうと思えば、史部正史類の書棚に行けばよい。正史類は史部の最初に位置し、王朝公認の正統的な歴史書を収めた部分である。正史には、「十七史」「二十一史」「二十四史」など、さまざまな数え方があるが、いずれにしても、その筆頭に位置するのが『史記』である。『史記』以下、『漢書《かんじょ》』『後漢書《ごかんじょ》』『三国志《さんごくし》』と続いていく。

「正史」とひとまとめにされ、しかもその筆頭に位置しながら、『史記』は、班固《はんこ》の『漢書』以下の正史とは、性格を大きく異にしている。『漢書』以後の正史は断代史、それも前の王朝の歴史である。漢王朝が王莽《おうもう》によって一度滅んだ後、後漢の時代になって、前漢の歴史を記した『漢書』が書かれた。明《みん》王朝が滅んだ後、清《しん》王朝によって『明史《みんし》』が編纂された、といった具合である。

それに対して、『史記』は一王朝の歴史ではなく、有史以来、現在に至るまでの全通史である。『漢書』『新唐書《しんとうじょ》』『宋史《そうし》』『明史』などのような王朝の名、あるいは『南史《なんし》』『北《ほく》史《し》』『五代史《ごだいし》』などのように、一定の時期の名称が書名になるのではなく、『史記』は司馬遷の時代までの人類の歴史記録そのものであるといってよい。

では、なぜ『史記』が正史の筆頭にされるかといえば、『漢書』以下の史書が、『史記』の方法、構成を学んで作られたからである。その方法、構成が、いわゆる「紀伝体《きでんたい》」である。紀とは本紀《ほんぎ》、伝は列伝《れつでん》。簡単にいえば、世界の中心にあたる王朝の歴史、皇帝の伝記が本紀であり、そのまわりに生きる個人の伝記が列伝である。

『漢書』以下の正史では、本紀は、単純にそれぞれの王朝の皇帝の記録になるが、『史記』の本紀は、

五帝本紀
夏《か》本紀
殷《いん》本紀
周本紀
秦本紀

秦始皇《しんしこう》本紀
項羽《こうう》本紀
高祖《こうそ》本紀
呂太后《りよたいこう》本紀
孝文《こうぶん》本紀
孝景《こうけい》本紀
孝武《こうぶ》本紀

となっている。「五帝本紀」は、古代の五人の聖天子の伝。「夏本紀」から「秦本紀」までは王朝の歴史（そのなかは、王の年代記であるが）である。そして、「秦始皇本紀」から「孝武本紀」までは、皇帝（項羽や呂后は皇帝ではないが）の伝である。

『史記』の後、『漢書』『後漢書』などの歴史書が著され、歴史書、あるいはより広く記録にあたる書物が次第に増加することによって、史部という分類項目を立てる必要が生じてくるであろう。六朝時代の図書分類において、後世の史部の萌芽は見られたものの、中国の図書分類法で「正史」の分類項目が確立したのは、実はかなり時代を下った唐代のことである。唐の時代に作られた『隋書《ずいしょ》』の「経籍志《けいせきし》」に見えるそれが最初である。『隋書』

「経籍志」の叙には、

それより（陳寿《ちんじゅ》の『三国志』が著されてより）代々歴史書が著述されたが、いずれも司馬遷、班固の体裁にならって、正史としたのである。

とある。司馬遷の『史記』、班固の『漢書』の体裁にならって、つまりは紀伝体の形式で書かれた歴史書を「正史」と称しているわけである。

しかし実をいえば、『史記』は決して本紀と列伝だけからなるわけではない。『史記』は、

本紀
表
書
世家《せいか》
列伝
太史公自序

からなっている。『史記』に続く『漢書』は、

本紀
表
志
列伝
叙伝

である。「表」とは、『史記』でいえば「三代世表」「十二諸侯年表」などの年表である。『史記』の「書」と『漢書』の「志」は、ほぼ同じであり、『史記』には「礼書《れいしょ》」「楽書《がく》」「律書《りつ》」「暦書《れき》」「天官書」「封禅書」「河渠書《かきょ》」「平準書《へいじゅん》」が、『漢書』には「律暦志」「礼楽志」「刑法志」「食貨志《しょくか》」「郊祀志《こうし》」「天文志」「五行志《ごぎょう》」「地理志」「溝洫志《こうきょく》」「藝文志《げいもん》」がある。これは制度や自然現象、地理などに関する記録である。最後に置かれる「太史公自序」は、司馬遷が『史記』述作の意図をみずから述べた部分。班固の『漢書』の「叙伝」も同様である。

こう見ると、本紀、列伝、表、書（志）、自序（叙伝）など、班固の『漢書』は、『史記』

の体裁を相当学んでいることはまちがいない。『漢書』以降の正史も、すべて本紀と列伝を置いており、その意味で、こうした正史の体裁を紀伝体と呼ぶことは、決してまちがいではない。

『史記』とそれ以外の正史との大きなちがいが、『史記』における「世家」の存在である。司馬遷は、世界の中心の記録である本紀と、個人の伝である列伝の中間に、世家を置いている。つまり、『史記』の叙述構造は、正確には紀伝体ではなく、本紀・世家・列伝の三層構造になっているのである。

世家は、「呉《ご》太伯《たいはく》世家」「斉太公《せいたいこう》世家」など、大名の歴史からはじまる。周王朝の封建の世にあっては、世界の中心に位置したのは周の王朝であるが、各地に領地を与えられた大名があり、大名家は世襲によって代々続いていた。大名の歴史を書かなければ、一時代の歴史の全体は表現できまい。そこで作られたのが世家なのである。

だが、『史記』では、大名の歴史に加えて、孔子の伝が世家に加えられたり（孔子はもとより諸侯ではない）、秦に最初に反旗をひるがえした陳勝《ちんしょう》の伝がやはり世家に加えられているといった具合に、実際の地位にかかわらず、歴史の歯車を動かす大きな働きをした人物を世家に加えていることがわかる。

『史記』の世家は、最初の方はたしかに大名家の代々の歴史を語るが、次第にその性格を変え、いうならば本紀以下、列伝以上の働きをした人の伝が世家になっている。孔子や陳勝を世家にしたのもそれであるし、高祖劉邦《りゅうほう》を助けて漢王朝をたてるために貢献した臣下たちのうち、蕭何《しょうか》や張良《ちょうりょう》などの伝も世家に置かれている。

本紀と列伝の中間に世家が置かれることで、人物評価の目盛りは、よりきめ細かになるであろう。逆に、本紀と列伝しかないとなれば、皇帝と個人の間の距離がそれだけ強調されることになる。世家はもともと周王朝の封建の制度にもとづく歴史の描き方であったわけだが、『漢書』以後の正史において、世家が設けられることがなかったのは、秦漢以後における、天下の中心としての皇帝の権威の強まり、皇帝専政体制の確立がその背景にある。世家の消滅は、皇帝とそのまわりの個人との間に、中間的存在が許されなくなったことを示しているともいえるだろう。

紀伝体の「紀伝」という言葉自体、どうやら南朝梁《りょう》の劉勰《りゅうきょう》の『文心雕龍《ぶんしんちょうりゅう》』「史伝」に「紀伝を式と為《な》し、編年もて事を綴《つづ》る」と見えるのが早いようだ。さらに唐代の歴史批評の書、劉知幾《りゅうちき》の『史通《しつう》』において、紀伝体という語が定着している。

そう考えてみると、しばしば司馬遷が『史記』において、歴史の叙述方法としての紀伝体を発明したといわれるが、それはかならずしも正しくないことになる。司馬遷が発明したのは、本紀・世家・列伝体であって、ほんとうの紀伝体は、班固の発明である。『史記』

を紀伝体と呼んでしまうことによって、むしろ本紀と列伝の間に世家を置いた司馬遷の意図がかき消されてしまうことになるおそれがあるのではないだろうか。

なお、歴史書の書き方において、紀伝体と並ぶ歴史の叙述形式が、年代の順序に記述される「編年体《へんねんたい》」である。編年体の歴史書には、『春秋』あるいは、後に宋代の司馬光《しばこう》によって著された『資治通鑑《しじつがん》』などがある。

編年体では、ことがらが時間の順序にあらわれるから、時間を追った事件の推移は追いやすい。しかしながら、ある人物の行動なり、ある一つの事件の過程が、かならずしも連続してあらわれるわけではないから、それを通観するのに不便である。

紀伝体の場合、本紀については編年体であるともいえるが、列伝の場合、ある個人の行動をまとめて見ることができるメリットはあるものの、時間にそった他の人物や事件との関わりがとらえにくい。これはあらゆる歴史書におけるジレンマなのだが、『史記』の場合には、「表」を置いて、この矛盾を少しでも解決できるようなしかけが施してある。こうしたところにも、全世界を描き出そうとした司馬遷の工夫、あるいは執念をうかがうことができるであろう。

†『史記』の読まれ方

司馬遷がはじめ『史記』を書いた時には、「史記」という書名ではなく、「太史公」あるいは「太史公書」といわれたようである。現存する最古の図書目録である『漢書』藝文志で、『史記』は、「太史公百三十篇」として見えている。

『漢書』藝文志には、「四部分類」で『史記』などが収められている史部が存在しない。『史記』(「太史公書」)は、儒教の経典である「六藝略《りくげいりやく》」の「春秋」のところに、収録されている。

この目録が編集された頃には、まだ歴史などの記録が多くなかったことを示しているが(ある項目の本が多くなれば、分類項目を立てる必要が生ずる)、それは同時に、司馬遷の『史記』が、いかに前例のない画期的な書物であったかを物語るであろう。

司馬遷が『史記』を書いたのは、まだ紙が存在しない時代のことであった。この当時の書物は、竹または木の札をひもでつないだ竹簡《ちくかん》、木簡《もくかん》、もしくはきわめて高価であった絹に文字を記す形であった。竹木簡は、材質が木または竹であるから、なかなかボリュームがある。『史記』は百三十巻。ということは、そのような巻物が百三十あったことになる。

後漢のはじめに、班固によって『漢書』が著される。『史記』と『漢書』は、「史漢《しかん》」として、正史の冒頭をなす二大歴史書とされるし、司馬遷と班固は、「班馬《はんば》」として、やはり中国の二大歴史家と称される。すでに述べたように、班固は『漢書』を著すにあたって、『史記』から多くのことを学んでいた。

だが、後世においては、もちろんどちらも高く評価された上でのことであるが、史漢、あるいは班馬について、つねに比較の議論が行われ、長い時代を通して見ると、『史記』が評価された時代と『漢書』が評価された時代とがあった。

これについては、拙著『『史記』と『漢書』』（岩波書店）に詳しく記したが、ごく簡単にいうならば、『漢書』があらわれてから、中唐の頃までは、どちらかといえば『漢書』の方が高く評価されていた。後漢から三国六朝、隋、唐の初期を通じて、『史記』の評価が低かったのは、それが司馬遷の個人的な怨みが込められた「誹謗憤怨《ひぼうふんえん》の書」と考えられたからのようである。

この『漢書』優位時代が変化してくるきっかけが、中唐の韓愈《かんゆ》（七六八～八二四）による評価であった。韓愈は、司馬遷『史記』の「誹謗憤怨の書」としての性格を高く評価し、『史記』に描かれた屈原、あるいは司馬遷など、不遇をばねにすぐれた著作を生み出した人物の系譜にみずからを位置づけたのである。

明代の学者胡応麟《こおうりん》の『少室山房筆叢《しょうしつさんぼうひっそう》』巻一三では、時代を通した『史記』『漢書』の評価について、次のように総括している。

『史記』『漢書』の優劣については、魏晋以来諸説紛々で定論はない。しかし、班固に荷担するものが十のうち七であろう。唐の韓愈、柳宗元《りゅうそうげん》が司馬遷をたたえてからというもの、班固は少し旗色が悪くなった。宋になって、鄭樵《ていしょう》、劉辰翁《りゅうしんおう》はまた（班固を）あまりにひどく抑えすぎていて、よりどころとできないのである。明に至って、諸論ほぼ穏当で、ややその折衷を得た。

明代に至って、両者について穏当な評価がなされるようになったといっているが、明代にあって、『史記』は、史書としてばかりでなく、文学書、あるいは文章のお手本として読まれる傾向が強まったことも挙げておかねばなるまい。

本書においては、『史記』中の人物が、どのようにして名を揚げたのか、そのプロセスを中心にして章段を選んだ。いま述べたように、『史記』が描こうとした時代と、『漢書』以後の時代とでは、皇帝専政体制が確立しているかどうかにおいて、それぞれの社会の背景が大きく異なっていた。さらに時代が下り、唐宋以後の時代に至ると、筆記試験によって人材を登用する科挙《かきょ》の制度が整備され、人々の立身出世の道が、明確に制度化されるようにもなった。これは、『史記』の世界ではありえなかった世界である。

にもかかわらず、『史記』が、歴史を通じて読まれ続けてきたのは、いったいなぜなのだろうか。それはおそらく、『史記』に描かれた、立身出世の制度が確立していなかった時代、制度に頼ることなく、いわば裸一貫で歴史の舞台に登場した人物たちの魅力があるからにほかならないと思われるのである。その魅力は、かつての日本人、あるいは現在の日本人から見ても同様であろう。

なお、『史記』には、六朝の宋の時代に裴駰《はいいん》による『史記集解《しっかい》』、唐の司馬貞《しばてい》による『史記索隠《さくいん》』、また唐の張守節《ちょうしゅせつ》による『史記正義《せいぎ》』など、数多くの注釈が著されている。

†日本における『史記』

『史記』の日本への伝来は古く、遣唐使《けんとうし》が日本に持ち帰った多くの書物の中に『史記』があった。『続日本紀』天平《てんぴょう》七年(七三五)の条には、吉備真備《きびのまきび》が「三史の櫃《ひつ》」を日本にもたらしたとの記録がある。三史とは、『史記』『漢書』『後漢書』である。そして実際、唐の時代に日本にもたらされた唐鈔本の『史記』の一部が今日でも日本には残っている。

『紫式部日記《むらさきしきぶにっき》』には、紫式部が、父の講ずる『史記』をすっかり聞き覚えてしまったという話があり、『源氏物語《げんじものがたり》』には、『史記』からの引用を見ることもできる。『史記』は古くから日本で読まれていたことがわかる。

中国においては、宋代からが書物の印刷本の時代になる。『史記』本文と三家の注（集解・索隠・正義）までをも合刻したテキストが刊行され、それが『史記』版本の主流となる。その最も古いものが、南宋慶元《けいげん》年間（一一九五～一二〇〇）に刊行された黄善夫《こうぜんふ》刊本である。これはもともと『史記』『漢書』『後漢書』の「三史」をまとめて刊行した書物である。この本が日本にも伝わり、京都妙心寺《みょうしんじ》の僧、南化玄興《なんかげんこう》から上杉景勝《うえすぎかげかつ》の家臣であった直江兼続《なおえかねつぐ》（一五六〇～一六一九）へ、そして直江家の断絶後、主君である米沢藩主、上杉家の所蔵に帰した。現在では国立歴史民俗博物館に蔵され、国宝に指定されている。

江戸時代には、実に数多くの『史記』版本が出版され、広く読まれた。なかでも最も多く読まれたのが、明代に刊行された『史記評林《しきひょうりん》』である。これは、『史記』本文、注釈に加えて、歴代の多くの学者による評語をも組み入れた便利な書物であった（テキストとしては問題があるようだが）。長澤規矩也編『和刻本漢籍目録』を見ると、『史記評林』は、寛永《かんえい》一三年（一六三六）京都の八尾助左衛門尉によって刊行されて以来、明治に至るまでの間に、二六種類にも上る版本が記録されている。

明治以後、今日に至るまで、学校教育における漢文の教科書では、まずまちがいなく『史記』の文章は選ばれている（最も多いのは「鴻門《こうもん》の会」の一段であろうか）。漢文を通して、『史記』の文章に触れる機会はあるし、また翻訳抄訳を含めて、『史記』に関する書物は現在でも実に多い。それだけ『史記』が読まれているのは、『史記』の魅力がおとろえていないことを如実に示しているといえるだろう。

あとがき

二〇〇八年に、岩波書店より「書物誕生」シリーズの一冊として『史記』と『漢書』中国文化のバロメーター』を上梓した。それを読まれたちくま新書編集部より『現代語訳史記』の依頼を受けた。中国文学（あるいは中国学）は総合的な分野であって、例えば自分は明代が専門だから、『史記』について知らなくてもよいということはありえない。明代の著者は、みな前代の書物を読み、それを踏まえて著作をしているからである。その意味でも、『史記』はしばしば参照の必要があるし、前著執筆のために目を通していたこともあって、お引き受けすることになった。

しかしながら、本紀から列伝に至る『史記』百三十巻から、どのようにして新書版の分量を選び出すかには、相当頭をしぼらざるをえなかった。結果、権力の中心からの距離を基準にして章立てをし、『史記』人物たちの出世のいとぐち、青春時代の一こまを切り取る方法を取ることにした（それ以外にもいくつかの名場面は収録した）。だが、それぞれの人物のほんとうの活躍はこれからである。『三国志演義』など中国長編小説の常套句を借りるならば、「あとは続きをお読みください」ということになる。本書をきっかけにして、多くの読者のみなさまに『史記』の豊かな世界に分け入っていただければと思う。

ちくま新書編集部の伊藤大五郎さんには、終始お世話になりました。記して感謝いたします。

二〇一〇年十二月六日

訳者

『史記』略年表

	堯　舜　禹
〔夏〕	
	禹が夏王朝を開く。
〔殷〕	
前一五五〇頃	湯王が夏の桀王を討って殷王朝をたてる。 伊尹が湯王を補佐する。
〔西周〕	

前一〇二七頃	周の武王が殷の紂王を討つ。周王朝の成立。
前七七一	周の幽王が殺され、西周が滅ぶ。
〔春秋時代（東周）〕	
前七七〇	都を洛邑に移し、東周が始まる。
前六七八	斉の桓公が覇者となる。管仲の補佐。
前六三二	晋の文公が覇者となる。
前五五二	孔子が生まれる。
前五二二	楚の平王が伍奢と伍尚を殺す。伍子胥が呉に亡命。
前五一二	孫武が呉王闔閭に用いられる。
前五〇六	呉が楚を破る。伍子胥の復讐。
前四九四	呉王夫差が越王句践を包囲。伍子胥の活躍。
前四八四	伍子胥が呉王夫差より剣を賜り自殺。
前四七九	孔子没。
前四七三	呉王夫差が越王句践に敗れ、呉滅亡。

〔戦国時代〕

前四五三	晋の韓・魏・趙が智伯を滅ぼし、晋を三分して独立（戦国時代の始まり）。予譲はこの頃の人。
前三四九	楚が斉を攻めたが、淳于髡が趙から兵を借り、楚軍を撤退させた。
前三三四	蘇秦が燕の文公に合従の策を説き、六国の宰相となる。
前三二八	張儀が秦の宰相となる。
前三一七頃	蘇秦没。
前三〇九	張儀没。
前二九八	孟嘗君が斉の宰相となる。
	平原君が趙の宰相となる。
	孟子没。
前二八三	趙の藺相如が秦の昭王と会見。
前二七九	秦と趙の澠池の会。廉頗・藺相如の活躍。
前二七八	楚の屈原が自殺。
前二五八	魏の信陵君が秦に囲まれた趙を救う。

前二四九	呂不韋が秦の宰相となる。
前二四七	秦王政（後の始皇帝）即位。呂不韋の活躍。
前二四三	信陵君没。
前二三五	呂不韋自殺。
前二三三	韓非自殺。
前二三〇	秦が韓を滅ぼす。
前二二八	秦が趙を滅ぼす。
前二二七	荊軻による秦王暗殺の失敗。
前二二五	秦が魏を滅ぼす。
前二二三	秦が楚を滅ぼす。
前二二二	秦が燕を滅ぼす。
〔秦〕	
前二二一	秦が斉を滅ぼす。秦による天下統一。
前二一四	長城の建設開始。

前二一〇	秦始皇帝没。
前二〇九	陳勝・呉広の挙兵。項羽、劉邦らも挙兵。
前二〇八	項梁没。
〔漢〕	
前二〇六	劉邦の軍により秦、滅亡。鴻門の会。 劉邦が漢王に封じられる。
前二〇五	陳平が項羽のもとを去り、劉邦に帰した。
前二〇三	韓信が楚王に封じられる。
前二〇二	項羽没。劉邦による漢王朝の樹立。
前二〇一	楚王韓信が謀反を疑われ、淮陰侯に下げられる。
前一九六	韓信没。
前一九五	漢の高祖劉邦没。呂太后が実権をにぎる。 黥布没。
前一九三	蕭何没。
前一八六頃	張良没。

前一七八	陳平没。
前一四三頃	司馬相如が卓文君と駆け落ち。
前一四一	武帝の即位。
前一一七	司馬相如没。
前九九	李陵匈奴に降伏。
前九八	司馬遷宮刑に処せられる。
前八七	武帝没。
前八六頃	司馬遷没。

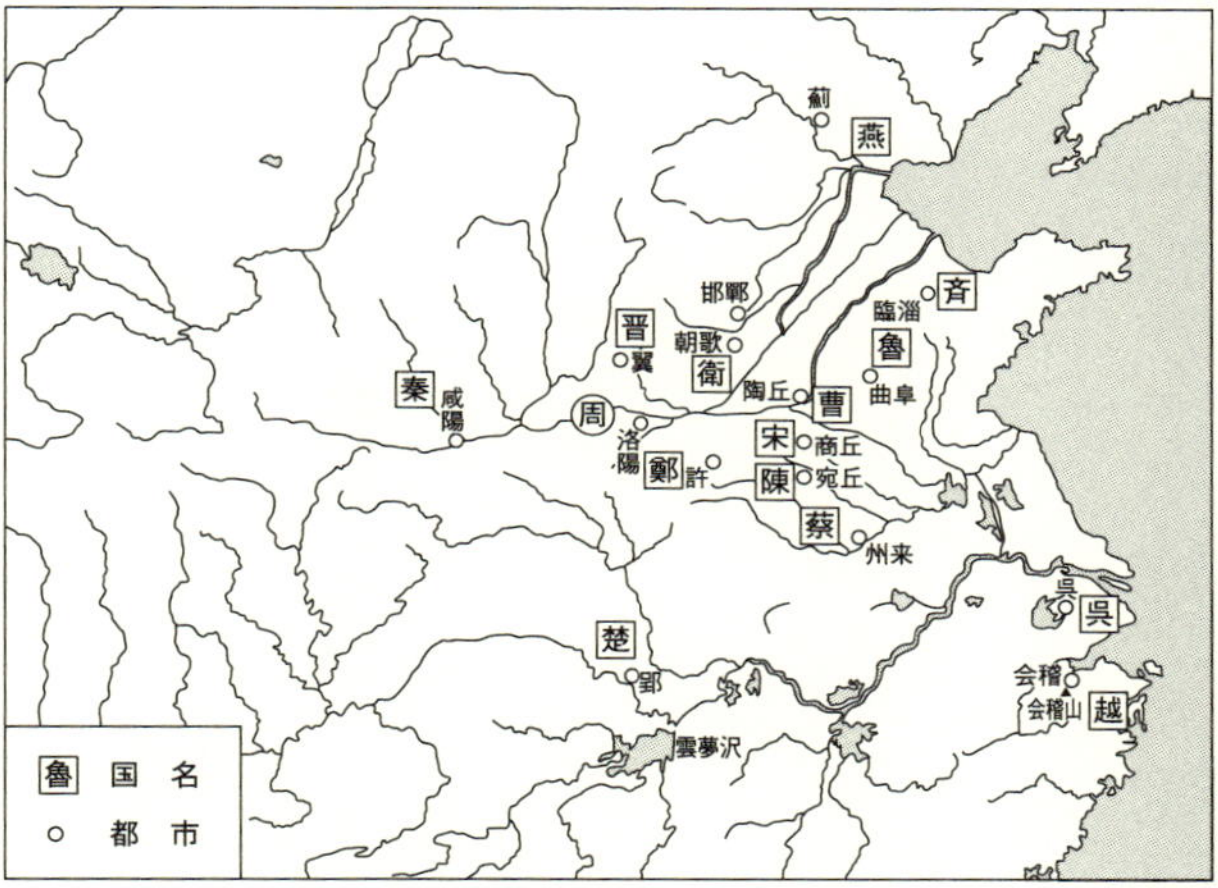
薊
燕
邯鄲
臨淄
斉
晋
朝歌
魯
翼
衛
秦
咸陽
陶丘
曹
曲阜
周
洛陽
宋
商丘
鄭
許
陳
宛丘
蔡
州来
呉
呉
楚
郢
会稽
会稽山
越
雲夢沢
魯 国名
都市

春秋時代図

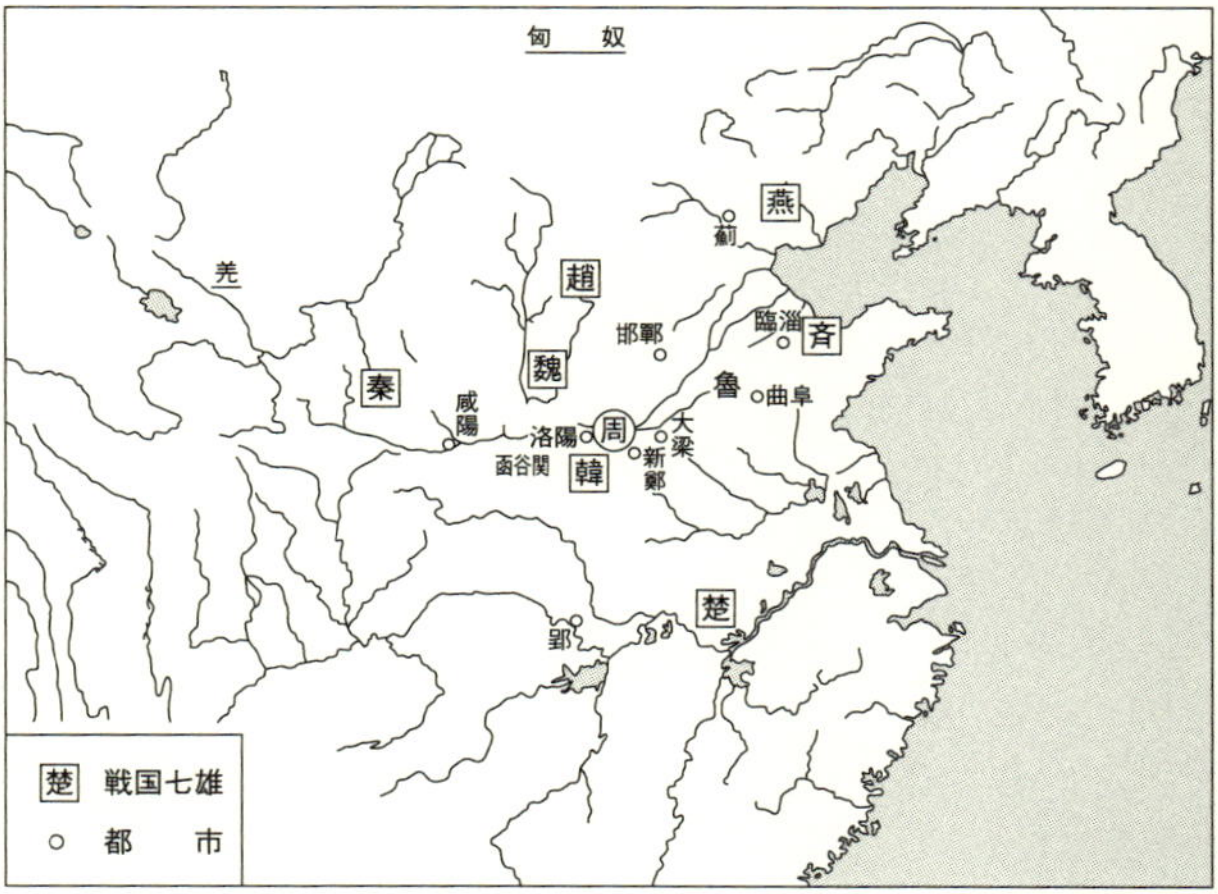
匈奴
燕
薊
羌
趙
邯鄲
臨淄
斉
魏
魯
曲阜
秦
咸陽
洛陽
周
大梁
函谷関
韓
新鄭
楚
郢
楚 戦国七雄
都市

戦国時代図

ちくま新書
890

現代語《げんだいご》訳《やく》 史記《しき》

二〇一一年二月一〇日 第一刷発行
二〇二四年九月二〇日 第八刷発行

著者 司馬遷（しば・せん）
訳者 大木康（おおき・やすし）
発行者 増田健史
発行所 株式会社 筑摩書房
東京都台東区蔵前二-五-三 郵便番号一一一-八七五五
電話番号〇三-五六八七-二六〇一（代表）
装幀者 間村俊一
印刷・製本 三松堂印刷 株式会社

ISBN978-4-480-06593-3 C0222

ちくま新書

678 日曜日に読む『荘子』 山田史生
日曜日、酒のお供にと取り出した『荘子』。雲をつかむような言葉に連れられ著者の独酌と思考は進んでいく。「わからなさ」の醍醐味に触れる中国思想談義。

856 下から目線で読む『孫子』 山田史生
支配者たちの座右の書とされてきた『孫子』。これを正反対の立場から読むと、また違った側面が見えてくる。類例のない、それでいて肩の凝らない古典エッセイ。

537 無宗教からの『歎異抄』読解 阿満利麿
真の宗教心はどんな生き方をひらくものか？　無宗教者の視点から『歎異抄』を読み解くことで、無力な自己が自在な精神をつかむ過程を探り、宗教とは何かを示す。

864 歴史の中の『新約聖書』 加藤隆
『新約聖書』の複雑な性格を理解するには、その成立までの経緯を知る必要がある。一神教的伝統、イエスの意義、初期キリスト教の在り方までをおさえて読む入門書。

859 倭人伝を読みなおす 森浩一
開けた都市、文字の使用、大陸の情勢に機敏に反応する外交。――古代史の一級資料「倭人伝」を正確に読みとき、当時の活気あふれる倭の姿を浮き彫りにする。

876 古事記を読みなおす 三浦佑之
日本書紀には存在しない出雲神話がなぜ古事記では語られるのか？　序文のいう編纂の経緯は真実か？　この歴史書の謎を解きあかし、神話や伝承の古層を掘りおこす。

756 漢和辞典に訊け！ 円満字二郎
敬遠されがちな漢和辞典。でも骨組みを知れば千年以上にわたる日本人の漢字受容の歴史が浮かんでくる。辞典編集者が明かす、ウンチクで終わらせないための活用法。

ちくま新書

ちくま新書

215 中華人民共和国 国分良成
メンツとプライドにこだわる一方で、限りなく現実主義的な中国。その本質はいったい何なのか。これまで誰も書かなかった巨大な隣人・中国の実像に深く迫る。

318 台湾——変容し躊躇するアイデンティティ 若林正丈
海のアジアと陸のアジアに挟まれ、あたかも「気圧の谷」のような島、台湾。二つの価値観の境界で揺れ動く、その濃密な歴史を、現代アジア史の中に位置づけ直す。

636 東アジア共同体をどうつくるか 進藤榮一
アセアン+日・中・韓が推進する地域経済統合はどのようなシナリオを描いて実現へと向かうのか。日本再生の条件と東アジア共同体創設への道をさぐる注目の一冊！

706 「中国問題」の内幕 清水美和
「一党独裁」「共青団と上海閥」「人民軍」「格差問題」「中央宣伝部とメディア」そして「台湾」。矛盾を抱えながら膨張する13億人の巨大国家の行方を敏腕記者が解剖する。

801 「中国問題」の核心 清水美和
毒ギョーザ事件、チベット動乱、尖閣諸島、軍事大国化、米国との接近——。共産党政権の内部事情を精確に分析し、建国60周年を迎えた「巨龍」の生態を徹底分析する。

829 拝金社会主義 中国 遠藤誉
一九七八年に改革・開放政策を実施し経済的に自由になった中国。人々は革命の心を失い、金儲けに邁進し、共産党は特権を貪っている。中国は社会主義国家なのか？

882 中国を拒否できない日本 関岡英之
大きな脅威となった中国の経済力と軍事力。そこにはどのような国家戦略が秘められているのか。「超限戦」に対して「汎アジア」構想を提唱する新たな地政学の試み。

ちくま新書

766 現代語訳 学問のすすめ 福澤諭吉 齋藤孝訳
諭吉がすすめる「学問」とは？　世のために動くことで自分自身も充実する生き方を示し、激動の明治時代を導いた大ベストセラーから、今すべきことが見えてくる。

827 現代語訳 論語と算盤 渋沢栄一 守屋淳訳
資本主義の本質を見抜き、日本実業界の礎となった渋沢栄一。経営・労働・人材育成など、利潤と道徳を調和させる経営哲学には、今なすべき指針がつまっている。

861 現代語訳 武士道 新渡戸稲造 山本博文訳／解説
日本人の精神の根底をなした武士道。その思想的な源泉はどこにあり、いかにして普遍性を獲得しえたのか？　世界的反響をよんだ名著が、清新な訳と解説でいま甦る。

615 現代語訳 般若心経 玄侑宗久
人はどうしたら苦しみから自由になれるのか。言葉や概念といった理知を超え、いのちの全体性を取り戻すための手引を、現代人の実感に寄り添って語る新訳決定版。

877 現代語訳 論語 齋藤孝訳
学び続けることの中に人生がある。――二千五百年間、読み継がれ、多くの人々の「精神の基準」となった古典中の古典を、生き生きとした訳で現代日本人に届ける。

732 甲骨文字に歴史をよむ 落合淳思
漢字の原型である甲骨文字は、どんな世界・どんな社会・どんな信仰において書き記されたのだろうか？　その成り立ちや読み方を解説しながら、古代文明の姿を覗く。

654 歴史学の名著30 山内昌之
世界と日本を知るには歴史書を読むのが良い。とはいえ古典・大著は敷居が高い。そんな現代人のために古今東西の名著から第一人者が精選した、魅惑のブックガイド。